Excelを使った
死亡・後遺症
逸失利益算定
のための

「中間利息控除」計算の技法

～変動金利制対応～

LOGICA
ロギカ書房

は じ め に

　本書の目的は、交通事故の死亡事案や後遺症事案で逸失利益を算定する際に
行う、「中間利息控除」の計算を、係数表を使わずに効率的に行うことにあり
ます。

　交通事故の死亡事案では、死亡逸失利益を算定する際に、「中間利息控除」
という計算を行います。「後遺症」事案でも、後遺症逸失利益を算定する際に
は、やはり「中間利息控除」という計算を行います。この「中間利息控除」の
具体的な計算方法について、赤い本（民事交通事故訴訟損害賠償額算定基準上
巻（基準編）2018年（平成30年）版）では次のように示されています。

　1　死亡逸失利益

　　①　有職者または就労可能者の場合

　現実年収額または学歴計あるいは学歴別の男女別平均賃金×（1−生活費控
除率）×67歳までのライプニッツ係数＝逸失利益現価

　　②　18歳未満の未就労者の場合

　学歴計の男女別あるいは全労働者平均賃金×（1−生活費控除率）×（67歳ま
でのライプニッツ係数−18歳までのライプニッツ係数）＝逸失利益現価

　2　後遺症逸失利益

　　①　有職者または就労可能者

　基礎収入額×労働能力喪失率×労働能力喪失期間に対応するライプニッツ
係数

　　②　18歳（症状固定時）未満の未就労者

　基礎収入額×労働能力喪失率×（67歳までのライプニッツ係数−18歳まで
のライプニッツ係数）

　この算定式を見ても分かるように、死亡事案、後遺症事案、いずれにして
も、「ライプニッツ係数」という係数を用いて計算します。このライプニッツ

はじめに

係数をかけることにより、中間利息を控除した損害額を算出します。

　ところで、これまで民法の法定金利は５％でしたので、金利５％を前提にしたライプニッツ係数を用いて中間利息控除の計算をしていました。しかし、改正民法の施行により、法定金利が５％から、いったん３％になり、３年に１度見直される変動金利制が導入されます。そのため、これまでと同じように、赤い本に示されている計算方法で逸失利益の額を算定するのであれば、事案によっては３％の係数を用いなければならなくなります。その後さらに３％から金利が見直されると、事案によっては、５％でも３％でもない、別の係数を用いなければならなくなります。

　どの事案に、どの係数を用いれば良いのか、そんなことを考えるだけで頭が混乱してきます。私自身も、弁護士になって中間利息控除の計算を初めて行ったとき、どの係数をどのように使ったら良いのだろうかと悩んだ記憶があります。おそらく、多くの弁護士の皆さんも、初めて中間利息控除の計算をした時に戸惑った経験があるのではないでしょうか。

　それが今後は、金利も異なることになりますので、さらに混乱や戸惑いを経験する事態になることが予想されます。何パーセントの金利に対応した、どの係数を使えば良いのかを考えるだけでもうんざりします。

　人によっては、「変動金利に対応した係数表がそのうち出回るから（実際インターネットで検索すれば出てきます）、それで対応すれば十分」、と考える人もいるでしょう。それでも全く問題はありません。それでも良いのですが、係数表を使わずに、簡単に計算できる方法があるならそれをマスターした方が良いと思いませんか。実は、そんな方法があるんです。それを本書で説明します。少しだけエクセルの使い方を理解してもらう必要はありますが、安心してください。できるだけ丁寧にエクセルの使い方を説明していますし、一歩一歩、自分の手を動かしながらエクセルに入力していけば、必ずできるようになります。

　しかも、本書をマスターすると思わぬ「おまけ」が付いてきます。どんな

「おまけ」かというと、ファイナンス理論（金融工学）の一部を習得できてしまうということです。小難しい数式を使って、株式や債券、先物やオプションなどの金融商品の価値を評価するファイナンス理論の、ものすごく基本的な部分を習得できてしまうんです。

　私自身、中間利息控除の計算する煩わしさを感じていた頃、中央大学大学院国際会計研究科でファイナンス理論を学びました。その際、中間利息控除がファイナンス理論でいう現在価値の計算であることを知りました。それとともに、それならエクセルでキャッシュフロー表を作ってしまった方が、より早く、正確に計算できることを知りました。以後、私は、逸失利益の計算をする際、赤い本の計算式や係数表を使っていません。

　本書を読んで、エクセルを使って自分で入力するという労力を惜しまなければ、逸失利益の計算がかなり簡素化できるようになります。しかも変動金利にも簡単に対応できるようになります。また、本書で学んだ内容は、中間利息控除の計算に限らず、弁護士として仕事をしていく中で遭遇する様々な意思決定の場面で応用できます。そのような場面でも、本書が実務家の皆様のお役にたつのであれば光栄です。

　なお、本書で示した計算方法ではなく、他にもより早く、より効率的に計算する手法があるかもしれません。例えば、エクセルの財務関数を使った方が、より効率的に計算できることもあります。ですが、その財務関数の意味を理解することや、利用場面を覚えるのにもそれなりの時間がかかります。また、財務関数そのものはとても便利ではあるのですが、前提が変わると使えないなどの不便な点もあります。なにより、これは私の個人的な感想かもしれませんが、計算結果を裁判等の法的な手続きの中で利用することを考えると、財務関数を使うよりも、基本的な数式だけを使って、それをエクセルの表に落とし込んだ方が説明がしやすく、使い勝手も良いと感じています。そのような理由から、本書ではエクセルの便利な財務関数を極力使わないで計算をしています。

　より効率的な計算方法やエクセルのより便利な使い方は他の書籍に譲るとし

はじめに

て、まずは、「中間利息控除の計算を今までよりも効率的に行う」という点に
ポイントを絞って、エクセルの使い方とともに解説していこうと思います。

　最後に、本書の出版にあたっては、ロギカ書房の橋詰守氏に大変お世話になりました。ここであらためてお礼を申し上げます。

2019年4月

酒井　雅弘

目次

はじめに

第 1 章　将来価値の計算方法（基礎編）

1.1　はじめに　*2*

1.2　将来価値の計算方法　*3*

1.2.1　将来価値とは　*3*

1.2.2　今の 1 万円が 1 年後いくらになるのか　*4*

    1.2.2.1　計算例　*4*

    1.2.2.2　一般化した式　*5*

1.2.3　今の 1 万円が 2 年後いくらになるかのか　*6*

    1.2.3.1　計算例　*6*

    1.2.3.2　一般化した式　*6*

1.2.4　今の 1 万円が 3 年後以降いくらになるのか　*7*

    1.2.4.1　今の 1 万円が 3 年後いくらになるのか　*7*

    1.2.4.2　今の 1 万円が 4 年後以降いくらになるのか　*8*

    1.2.4.3　今の 1 万円が n 年後いくらになるのか　*8*

1.3　エクセルのでの計算　*10*

第2章　将来価値の計算方法（応用編）

2.1　概要　*20*

2.2　追加で預金をしたら将来価値はいくらになるのか　*21*

2.2.1　今だけでなく、1年後にも1万円を追加した場合　*21*

2.2.2　今から5年後まで、毎年1万円を追加した場合　*27*

2.2.3　追加の預金額が変わる場合　*30*

2.3　金利（利回り）の異なる預金をしたら将来価値はいくらになるのか　*32*

2.4　将来一定額（目標額）を蓄えるにはどのようにすれば良いか　*39*

第3章　現在価値の計算方法

3.1　現在価値と中間利息控除の関係　*46*

3.2　現在価値の計算方法　*48*

3.2.1　現在価値と将来価値の関係　*48*

3.2.2　現在価値を将来価値の表を使って計算してみる　*49*

3.2.3　現在価値の計算式を将来価値の計算式から導いてみる　*52*

3.2.4　1年後にもらえる1万円は、金利1％だと今いくらの価値があるのか〜現在価値の計算表を作って計算してみる　*52*

3.2.5　現在価値の計算～その1：1回だけ受領できる場合　*53*

　　3.2.5.1　1年後にもらえる1万円は、今いくらの価値なのか　*53*

　　3.2.5.2　2年後にもらえる1万円は、今いくらの価値なのか　*59*

3.2.6　現在価値の計算～その2：複数年受領できる場合　*62*

　　3.2.6.1　1年後から複数年間受領する1万円は、今いくらの価値なのか　*62*

　　3.2.6.2　数年後から数年間受領する1万円は、今いくらの価値なのか　*65*

第4章　変動金利に対応した係数表の作り方
　　　　～係数表の意味～

4.1　はじめに　*74*

4.2　原価係数表の作成方法とその意味　*75*

4.2.1　金利5％の原価係数表の作り方とその意味　*75*

4.2.2　変動金利に対応した原価係数表の作り方　*78*

4.2.3　赤い本の原価係数表で確認してみましょう　*80*

4.3　年金原価係数表の作成方法とその意味　*81*

4.3.1　年金原価係数表の作り方とその意味　*81*

4.3.2　変動金利に対応した原価係数表の作り方　*84*

4.3.3　赤い本の年金原価係数表で確認してみましょう　*89*

第5章 逸失利益の計算（架空の死亡事案）

5.1 架空の事案 *92*

5.2 エクセルで表を作成する方法 *93*

5.3 表に修正を加える方法 *98*

5.3.1 収入を追加する方法 *98*
5.3.2 受給開始年や受給終了年を修正する方法 *106*

5.4 生活費控除を表に反映させる方法 *112*

第6章 逸失利益の計算
～赤い本の計算例を再現～

6.1 はじめに *116*

6.2 死亡逸失利益の例 *117*

6.2.1 「①有識者または就労可能者」の例 *117*
6.2.1.1 赤い本の計算式と計算結果 *117*
6.2.1.2 エクセルによる再現 *117*
6.2.2 「②18歳未満の未就労者」の例 *120*
6.2.2.1 赤い本の計算結果 *120*
6.2.2.2 エクセルによる再現 *120*

6.3 後遺症逸失利益の例 *124*

6.3.1 後遺症逸失利益の計算方法 *124*

6.3.2 「①有識者または就労可能者」の例 *124*

6.3.2.1 赤い本の計算結果 *124*

6.3.2.2 エクセルによる再現 *124*

6.3.3 「②18歳（症状固定時）未満の未就労者」の例 *127*

6.3.3.1 赤い本の計算結果 *127*

6.3.3.2 エクセルによる再現 *127*

6.4 変動金利に対応させた計算結果 *131*

6.4.1 死亡逸失利益の例 *132*

6.4.1.1 「①有識者または就労可能者」の例 *132*

6.4.1.2 「②18歳未満の未就労者」の例 *133*

6.4.2 後遺症逸失利益の例 *134*

6.4.2.1 「①有識者または就労可能者」の例 *134*

6.4.2.2 「②18歳未満の未就労者」の例 *135*

第7章 複数の収入がある場合や 給与の増額が予定されている場合

7.1 はじめに *138*

7.2 死亡逸失利益の例 *139*

7.2.1 複数の給与が支払われる場合 *139*

7.2.1.1 いずれの給与も同じ期間支払われ、金額も一定の場合 *139*

7.2.1.2 受給金額は一定で、受給開始年も同じだが、受給終了年
（受給期間）が異なる場合 *142*

7.2.1.3　受給金額は一定だが、受給開始年や受給終了年も異なる
場合　*145*

7.2.2　受給金額が変動する場合　*148*

7.2.2.1　給与が 1 社のみで、毎年一定割合で上昇する場合　*148*

7.2.2.2　1 社の給与が一定割合で上昇し、さらに別の給与もある
場合　*151*

7.2.2.3　複数の収入があり、複数の収入が毎年変動する場合　*152*

7.3　後遺症逸失利益の例　*153*

第 8 章　実務上の他の意思決定に応用

8.1　はじめに　*164*

8.2　離婚に伴う財産分与の例　*165*

8.2.1　分割払いの現在価値　*165*

8.2.2　分割払いの現在価値を一括払いと同額にする方法　*166*

8.2.2.1　支払回数を増やす方法　*166*

8.2.2.2　元利均等返済の表を作る方法　*169*

8.2.3　支払いが滞るリスクを考慮する方法　*171*

8.3　その他の事案にも応用　*176*

第 9 章 練習問題
～赤い本掲載裁判例を題材に～

9.1　はじめに　*178*

9.2　計算する裁判例　*179*

9.2.1　死亡逸失利益の裁判例　*179*

9.2.2　後遺症逸失利益の裁判例　*180*

9.3　解答例と解説　*183*

9.3.1　死亡逸失利益の裁判例　*183*

9.3.2　後遺症逸失利益の裁判例　*193*

おわりに　*211*

第 1 章

将来価値の計算方法
（基礎編）

1.1 はじめに

　本書の一番の目的は、逸失利益を算定する際に行う、中間利息控除の計算を効率的に行うことにあります。この中間利息控除の計算は、ファイナンス理論でいうところの、「現在価値の計算」と同じです。そのため、いきなり現在価値の計算方法を説明しても良いのですが、本書では、現在価値の計算方法を説明する前に、「将来価値」の計算方法をまず説明しようと思います。

　なぜ将来価値の計算から学ぶかというと、その理由は2つあります。理由の1つは、エクセルで実際に将来価値を計算することにより、エクセルの使い方に慣れてもらうことにあります。現在価値の計算と比べて将来価値の計算の方が、より身近でイメージしやすく（預金したお金が1年後いくらになるかという計算を一度はしたことがあるはずです！）、エクセルで行った将来価値の計算結果について、その検証（検算）がしやすいと思います。そこで、まずはじめに、将来価値の計算方法を学び、同時にエクセルの使い方に慣れてもらい、エクセルを使う際に気をつけるべきポイントを理解してもらいます。

　もう1つの理由は、将来価値の計算方法をきちんとマスターすることが、現在価値の計算、すなわち、中間利息控除の計算を理解する手助けになるからです。現在価値という概念は、ファイナンス理論を学んだことのある方なら当たり前の概念ですが、過去の私がそうだったように、主として法律を学んできた方には耳慣れないものです。そんな現在価値という耳慣れない概念も、将来価値の意味を学ぶことを通して、スムーズに理解できるようになります。

　このような理由から、既に一般常識としてご存知の内容も含まれているかもしれませんが、まずは将来価値の計算方法をきちんと押さえておこうと思います。

1.2 将来価値の計算方法

1.2.1 将来価値とは

　将来価値とは何でしょう。身近な例で考えてみます。多くの方が銀行に預金口座を開設していると思います。預けた預金は一生そのままの金額ということにはならず、わずかながらも利息を受け取ることができます。将来価値とはまさにこのことで、今預けた預金の元本に利息が加わった金額のことを指します。

　弁護士実務との関わりで、こんな事案でも考えてみましょう。あなたは交通事故の被害者の代理人弁護士として訴訟前の示談交渉を行っています。あなたが損害額を計算したところ、1,250万円（何の意味もない適当な数字です）の損害額になりました。法的な争点は特になく、訴訟を提起すれば1,250万円の支払いを命じる判決が下される可能性が高い事案だとします。そこで、あなたは加害者に1,250万円の支払いを求める提案をしました。すると、加害者は直ちに1,000万円を支払うので示談をして欲しいと回答してきました。このとき、あなたは被害者である依頼者に対して今1,000万円を受け取ることを薦めますか、それとも訴訟に移行し1,250万円を受け取ることを薦めますか。

　これは今1,000万円をもらうのと、訴訟終了時に1,250万円をもらうのと、どちらを選ぶのが良いのかという問いですが、そもそも、あなたは加害者の直ちに1,000万円を支払うという提案をどのように評価すれば良いのでしょうか。

　1つの考え方が、今1,000万円を受領して銀行預金をしたら将来いくらになるのか、すなわち、今の1,000万円の将来価値を考える方法です。もし、訴訟が1年で終わる見込みが高いとするならば、今の1,000万円が1年後に利息を含めていくらになるのかを計算し、その額と訴訟提起して得られるであろう1,250万円を比較することになります。訴訟が2年かかる見込みなら2年後の

4 第 1 章 将来価値の計算方法（基礎編）

価値を求めて比較します。

　このように、今のいくらかの金銭が将来いくらになるのかを求めることが、将来価値の計算になります。

　預金をイメージすれば、将来価値の計算方法は簡単に理解できるとは思いますが、後で現在価値を計算するための準備として、きちんとエクセルで将来価値を計算してみましょう。

　なお、中間利息控除の計算では複利の計算を行います（ライプニッツ係数は複利の計算をしています）ので、以下で行う将来価値の計算でも複利で計算します。また、中間利息控除の計算では税金を無視して計算しますので、以下で行う将来価値の計算でも税金を無視しています。同じ理由から、現在価値の計算でも、複利で税金を無視した計算を行います。

1.2.2　今の1万円が1年後いくらになるのか

1.2.2.1　計算例

　あなたは今1万円を年利1％で預金したとします。今1万円を預金すると、1年後には元本の1万円に100円の利息が付いて1万100円になっています。もし実際の金利が年1％に満たないスズメの涙ほどだとしても、今1万円を預金すれば1年後には利息分が増えていることになります。あまりにも当たり前過ぎる内容ですが、「千里の道も一歩から」という言葉に従い、一歩ずつ進んで行きましょう。また、この例で示した将来価値の計算は、計算式を示すことすらバカバカしい単純な内容ですが、現在価値の計算方法を理解するための基礎となりますので、きちんと示しておこうと思います。

　今の1万円は、1年後には1％の利息（＝1万円×1％）を加えた金額になりますので、次のような計算式になります。

　　　1万円＋1万円×1％＝1万円＋100円＝1万100円

　この式は、次の式と同じです。

1万円×（1＋1％）＝1万円×1.01＝1万100円

1.2.2.2　一般化した式

　この例では1万円を年利1％で預けることにしましたが、預ける金額は人それぞれですし、利息も預けるタイミングによって異なるでしょう。また、後で述べる内容に発展させるためには一般化した式が必要になります。そこで、ここでも一般化した式を考えておくことにします。やはり、当たり前過ぎてバカバカしいのですが、「梯子（はしご）を登ろうとする者は一段目から始めよ。(He who would climb the ladder must begin at the bottom.)」という言葉もありますので、きちんと示しておこうと思います。

　まず、元本の1万円ですが、これは今現在の価値なので現在価値（Present Value、略して「PV」）と表現します。利息は「r(Rate)」と表現します。また1年後に利息が付いた1万100円は、今現在からみると将来の価値なので将来価値（Future Value, 略して「FV」）と表現します。そして、ここでは1年後の金額を計算していますので、1年後の将来価値という意味で将来価値1（FV1）と表そうと思います。これで準備は整いました。「1万円＋1万円×1％＝1万100円」という式のうち、「1万円」を「PV」に、「1％」を「r」に、「1万100円」を「FV1」に、それぞれ置き換えてみましょう。すると、将来価値を示す一般化した式は次のようになります。

　　$PV + PV \times r = FV1$

　この式は、次の式と同じです。

　　$PV \times (1 + r) = FV1$

　これで一段目のはしごを登ることができました。

6　第 1 章　将来価値の計算方法（基礎編）

1. 2. 3　今の1万円が2年後いくらになるのか

1. 2. 3. 1　計算例

　二段目のはしごを登ってみましょう。

　年利 1 ％はそのままにして、今 1 万円を預金すると、 2 年後にはいくらに
なっているでしょう。先ほど、今の 1 万円が 1 年後に 1 万100円になっている
ことを確認しました。そうすると 1 年後の 1 万100円をさらに 1 年間預けるこ
とになりますので、 1 年後の元本 1 万100円に対して、さらに 1 ％の利息（＝
1 万100×1 ％）を加えた金額が 2 年後の金額になります。やはり、ここでも計
算式を示しておこうと思います。

　　　 1 万100円＋ 1 万100円×1 ％＝ 1 万100円＋101円＝ 1 万201円
　この式は、次の式と同じです。
　　　 1 万100円×（1 ＋ 1 ％）＝ 1 万100円×1.01＝ 1 万201円

1. 2. 3. 2　一般化した式

　ここでも一般化した式を考えてみようと思います。

　まず、 1 万100円は先ほども見たように、 1 年後の金額なので将来価値 1
（FV1）と表します。利息は「r」のままです。次に、 2 年後の 1 万201円は、
現時点を基準に考えるとやはり将来価値になりますが、 1 年後の将来価値 1
（FV1）と区別するために将来価値 2 （略して「FV2」）と表すことにします。
これらを用いて一般化した式を考えてみましょう。「 1 万100円＋ 1 万100円×
1 ％＝ 1 万201円」という式の、「 1 万100円」を「FV1」に、「 1 ％」を「r」
に、「 1 万201円」を「FV2」に、それぞれ置き換えてみましょう。すると、 2
年後の将来価値を示す一般化した式は次のようになります。

　　　$FV1 \times (1 + r) = FV2$

　そして、「FV1」は PV を用いて表すと「$PV \times (1 + r)$」でした。そこで、

FV2の式のうち、「FV1」を「PV×(1+r)」に置き換えると、FV2は次のような式で表すことができます。

[PV×(1+r)]×(1+r)=FV2

この式を簡略化すると次のようになります。

PV×(1+r)^2=FV2

ここで「^2」というのは二乗していることを意味します。「^」はエクセルで階乗の入力する時に使いますので、以降では階乗する時にはこの「^」という記号を使うことにします。ちなみにこの「^」ですが、キーボードの「0」の二つ右（「BACKSPACE」の二つ左）のキーを押すと入力できます。ちなみに、1年後の将来価値は「PV×(1+r)^1」となります。

「PV×(1+r)^2=FV2」という式が言わんとしていることは、要するに、今、預金して2年間預けておくと、2年後には、今預けた金額（PV）に（1+r）を2回かけた金額になる、ということです。念のため1万円の例で再確認してみましょう。電卓でも良いので計算してみて下さい。

1万円×(1+1%)×(1+1%)=1万円×(1+1%)^2=1万201円

1.2.4　今の1万円が3年後以降いくらになるのか

1.2.4.1　今の1万円が3年後いくらになるのか

次に、3年間預けた場合を考えてみようと思います。これはFV3を求めることですが、FV3は、FV2に利息を加えた金額になりますので、次のようになります。

FV2+FV2×r=FV3

この式は、次の式と同じです。

FV2×(1+r)=FV3

さて、FV2は、先ほど確認したように、次のようなPVを用いた式で表すことができます。

8　第1章　将来価値の計算方法（基礎編）

　　　FV2＝PV×(1＋r)^2

　そこで、FV3の式にある「FV2」を「PV×(1＋r)^2」に置き換えると、FV3は次のように表すことができます

　　　[PV×(1＋r)^2]×(1＋r)＝FV3

　この式を整理すると次のようになります。

　　　PV×(1＋r)^3＝FV3

　この式に、具体的な値を当てはめてみます。今の1万円が、1％の年利だと、3年後いくらになるかは、次のような計算式になります。

　　　1万円×(1＋1％)^3＝1万303円

1.2.4.2　今の1万円が4年後以降いくらになるのか

　4年間預金した場合（将来価値4、FV4）や、6年間預金した場合（将来価値6、FV6）、さらには100年間預金した場合（将来価値100、FV100）も同じように計算できます。

　　　FV4＝PV×(1＋r)^4
　　　FV6＝PV×(1＋r)^6
　　　FV100＝PV×(1＋r)^100

　これらの式のPVに1万円、rに1％を代入すれば、4年後、6年後、100年後の金額が計算できます。将来価値は、このような方法で計算します。

1.2.4.3　今の1万円がn年後いくらになるのか

　先ほどまでは、いくらを預金するのか、年利何パーセントなのかという部分について、一般化した式を考えてみました。しかし、何年間預けるのかは人によって異なると思います。そこで、「何年間」という部分も一般化しようと思います。何年間という部分を「n年後」と考えると、将来価値nはどうなるのでしょうか。これはFVnを求めることですが、次のような式で表すことができます。

1.2 将来価値の計算方法 9

$FVn = PV \times (1 + r)^n$

　この式にある、「PV」、「r」、「n」に任意の数を入れると、FVn を計算することができます。

10 第1章　将来価値の計算方法（基礎編）

1.3　エクセルでの計算

　それでは、実際にエクセルを使って、将来価値の計算をしてみましょう。どんなバージョンでも構いませんので、エクセルを開いて下さい。

　以下の**表1.1**ではＢ２セルに「＝10,000*(1+1%)」、Ｂ３セルに「＝10,000*(1+1%)*(1+1%)」、Ｂ４セルに「＝10,000*(1+1%)*(1+1%)*(1+1%)」がそれぞれ入力されています。この入力方法は、「こんなふうに入力してはダメですよ。」という具体例です。これでは電卓で計算しているのと同じです。

(表1.1)

	A	B	C	D	E	F	G
1							
2	1年後	10,100.00	=10000*(1+1%)				
3	2年後	10,201.00	=10000*(1+1%)*(1+1%)				
4	3年後	10,303.01	=10000*(1+1%)*(1+1%)*(1+1%)				
5							
6							
7							
8							

　もっと上手くエクセルを使う方法を考えてみましょう。**表1.2**を見て下さい。**表1.2**ではＢ９セルに「＝$B$6*(1+$B$7)^1」、Ｂ10セルに「＝$B$6*(1+$B$7)^2」、Ｂ11セルに「＝$B$6*(1+$B$7)^3」がそれぞれ入力されています。元本と利息を入力するセルを別途用意して（**表1.2**では、元本はＢ６セル、利息はＢ７セル）、それらのセルに元本と利息の具体的な数値を入力します。Ｂ９セルやＢ10セルに入力する際には、これらのＢ６セルとＢ７セルを参照させて計算しています。だいぶ楽になりましたが、「^1」、「^2」、「^3」という部分も数値を直接入力しているため、まだ不便ですね。

1.3 エクセルでの計算　*11*

(表1.2)

	A	B	C	D	E	F	G
1							
2	1年後	10,100.00	=10000*(1+1%)				
3	2年後	10,201.00	=10000*(1+1%)*(1+1%)				
4	3年後	10,303.01	=10000*(1+1%)*(1+1%)*(1+1%)				
5							
6	元本	10,000.00					
7	利息	1.00%					
8							
9	1年後	10,100.00	=$B$6*(1+$B$7)^1				
10	2年後	10,201.00	=$B$6*(1+$B$7)^2				
11	3年後	10,303.01	=$B$6*(1+$B$7)^3				
12							

　もっと上手くエクセルを使えるように、A9セルからA11セルに入力してある「1年後」、「2年後」、「3年後」という部分を少し修正してみます。

　表1.3を見て下さい。**表1.3**ではB13セルに「=$B$6*(1+$B$7)^A13」、B14セルに「=$B$6*(1+$B$7)^A14」、B15セルに「=$B$6*(1+$B$7)^A15」、B16セルに「=$B$6*(1+$B$7)^A16」がそれぞれ入力されています。元本と利息を別のセルに入力し（元本はB6セル、利息はB7セル）、それを参照させて計算しているのは**表1.2**と同じです。今度は、何年後という部分に0年から3年までを意味する「0」から「3」の数字を入力しました。これらのセルを参照することにより、何乗するのかという計算しています。B13セルに入力されている「^A13」という部分がそれを示しています。B13セルには0年後、すなわち、今現在の金額が示されていますので、元本と同じ「10,000」が表示されています。

12 第1章 将来価値の計算方法（基礎編）

（表1.3）

	A	B	C	D	E	F	G
1							
2	1年後	10,100.00	=10000*(1+1%)				
3	2年後	10,201.00	=10000*(1+1%)*(1+1%)				
4	3年後	10,303.01	=10000*(1+1%)*(1+1%)*(1+1%)				
5							
6	元本	10,000.00					
7	利息	1.00%					
8							
9	1年後	10,100.00	=$B$6*(1+$B$7)^1				
10	2年後	10,201.00	=$B$6*(1+$B$7)^2				
11	3年後	10,303.01	=$B$6*(1+$B$7)^3				
12							
13	0	10,000.00	=$B$6*(1+$B$7)^A13				
14	1	10,100.00	=$B$6*(1+$B$7)^A14				
15	2	10,201.00	=$B$6*(1+$B$7)^A15				
16	3	10,303.01	=$B$6*(1+$B$7)^A16				
17							

　このように入力する手順は次のとおりです。B 6 セルに元本金額（今預ける
金額）の「10,000」、B 7 セルに利息の「1％」を入力します（小数点以下の表
示はお好みで増やしたり減らしたりしてください）。A13セルから A16セルま
では期間を入力しますが、A13セルに入力してある「0」は現時点のことを意
味します。A14セルから A16セルには1から3までの値が入力されています
が、それぞれ何年後かを意味します。実際に1から3までの数値を直接入力し
ても良いですし、A14セルに「=A13+1」と入力し、これをコピーして A15セ
ルと A16セルに貼り付けても良いです。このようにして入力した値を、何乗
するのかを計算する際に参照させます。

　次に、B13セルに将来価値の計算式である「 $=PV \times (1+r)^n$ 」を、
「=$B$6*(1+$B$7)^A13」というように入力します。1つ1つ確認してみま

しょう。まず「PV」の入力はB6セルを参照させますが、実際に「$B$6」と「$」マークや「B」などの文字を入力するのではありません。「SHIFT」キーを押しながら「=」(イコール) キー (「0」の一つ右にあるキー) を押して「=」を入力し、十字キーを押すと参照先のセルを選べるようになりますので、参照先のセルをB6セルまで移動させてます。**表1.4**を見てみましょう。

(表1.4)

	A	B	C	D	E	F	G
5							
6	元本	10,000.00					
7	利息	1.00%					
12							
13	0	=B6					
14	1						
15	2						
16	3						
17							

(表1.4では不要なセルは行の高さを「0」にして省略していますので、注意してください。)

　ここでエンターキーを押すとB13セルは「10,000」と表示されます。本当にB6セルを参照しているかどうかは、B6セルに「10,000」以外の値を入力してみると確認できます。例えば、B6セルに「15,000」を入力するとどうなるでしょう。B13セルの値も「15,000」に変わりましたので、B13セルの入力内容がB6セルを参照していることが確認できました (**表1.5**参照)。

　再びB13セルの入力に戻ります。B13セルを選択して「F2」キーを押すと (もしくはダブルクリックをすると)、セル内の入力を続けることができます。ここで計算したい内容は「PV×(1+r)^n」ですので、ここまでは「PV」までの入力が済んだことになります。残りは「×(1+r)^n」の入力になりますが、その前に忘れては行けない重要な作業があります。この後でB13セルをコピーしてB14セル以降に貼り付けるのですが、その時に、参照先が変わらない

14 第1章 将来価値の計算方法（基礎編）

(表1.5)

	A	B	C	D	E	F	G
5							
6	元本	15,000.00					
7	利息	1.00%					
12							
13	0	15,000.00	=B6				
14	1						
15	2						
16	3						
17							

（C13セルに「=B6」とありますが、これはB13セルに入力している数式を参考として示したものです。）

ようにしておく必要があります。具体的にどうすれば良いかというと、B13セルに「=B6」と入力した後で「F4」キーを押して、「$」マークを付けます。この「$」マークを付けないままにしておくと、そのセルをコピーして別のセルに貼り付けると参照先がずれてしまいます。そのような事態を避けるために「$」マークを付けます。表1.6では「$B$6」というように、「B」と「6」の両方の前に「$」が付いています。そうすると、B13セルをコピーし

(表1.6)

	A	B	C	D	E	F	G
5							
6	元本	10,000.00					
7	利息	1.00%					
12							
13	0	=$B$6					
14	1						
15	2						
16	3						
17							

1.3 エクセルでの計算　*15*

て、どこに貼り付けても参照先はB6のままになります。「F4」キーを押すと、「B」の前だけに「$」が付いたり、「6」の前だけに「$」が付いたり、両方に「$」が付いたり、全く「$」が付かなかったりします。

　これで元本部分(PV)の入力は終わりました。次に「×(1+r)^n」を入力します。まず、掛け算を意味する「*」を入力します。「=」と同じように、「SHIFT」キーを押しながら「*」キーを押します。「*」は、「L」の二つ右、「@」の一つ下にあります。次に「(」を入力します。「SHIFT」キーを押しながら「8」を押すと「(」を入力できます。次に「1+」を入力すると「=$B$6*(1+」となります。「+」キーは「L」の一つ右（「P」の一つ下）にあります。次に、「r」の利息を入力しますが、利息はB7セルで「1%」と入力していますので、そのB7セルを参照させます。やはり、コピーをして別のセルに貼り付けた際に参照先が変わらないように$マークを付けます（**表1.7**参照）。

(表1.7)

	A	B	C	D	E	F	G
5							
6	元本	10,000.00					
7	利息	1.00%					
12							
13	0	=$B$6*(1+$B$7					
14	1						
15	2						
16	3						

　次に「SHIFT」キーを押しながら「)」を押します。「)」は「9」と同じキーです。最後に何乗させるのかを入力します。何乗させるのかはA13セルからA16セルに入力されていますので、これらのセルを参照させることになりますが、今はB13セルの入力をしていますので、行を合わせてA13セルを参照させます。具体的には「^」を入力した後（「^」は「0」の二つ右、「BACKSPACE」の二つ左のキーです）、A13セルを選択し参照させます。こ

16 第1章 将来価値の計算方法（基礎編）

こまでを入力すると**表1.8**のようになります。

(表1.8)

	A	B	C	D	E	F	G
5							
6	元本	10,000.00					
7	利息	1.00%					
12							
13	0	=$B$6*(1+$B$7)^A13					
14	1						
15	2						
16	3						
17							

　これで完成です。「ENTER」キーを押してみましょう。「10,000」と表示されると思いますが、これは「=10,000×(1+1%)^0」という計算をした結果を示しています。ところで、A13セルを参照させるときに、＄マークを入力しませんでしたが、その理由は分かりますでしょうか。それはこの後でB13セルをコピーして、B14からB16に貼り付ける時に、参照先を移動させたい（A14やA15というように下にずらしたい）からです。それでは、実際にB13セルをコピーして、B14セルからB16セルに貼り付けてみましょう（**表1.9**参照）。

(表1.9)

	A	B	C	D	E	F	G
5							
6	元本	10,000.00					
7	利息	1.00%					
12							
13	0	10,000.00					
14	1	10,100.00					
15	2	10,201.00					
16	3	10,303.01					
17							

1.3 エクセルでの計算 *17*

　表1.9のような表になりましたでしょうか。B13セルに入力した数式がきちんとB14セル以降にコピーされているかを確認してみて下さい。例えば、B14セルを選択して、Ｆ２キーを押すか、ダブルクリックをすると、B14セルの入力内容が確認できます。

(表1.10)

	A	B	C	D	E	F
5						
6	元本	10,000.00				
7	利息	1.00%				
12						
13	0	10,000.00				
14	1	=$B$6*(1+$B$7)^A14				
15	2	10,201.00				
16	3	10,303.01				
17						
18						

　同様に、B15セルやB16セルについても、参照すべきセルが参照されているかを確認してみて下さい。

　さて、ここまでの計算ができれば、将来価値の計算については、応用のさせ方次第で色々な計算ができます。セルの参照方法や、＄マークの使い方、コピーして貼り付ける方法など、エクセルの基本的な使い方については、この将来価値の計算方法を使って何度も行って慣れておくと良いでしょう。第２章では、複数年にわたり追加で一定額を預金する場合や年利の異なる預金をする場合にどのように将来価値を計算するのかを検討してみます。

第2章

将来価値の計算方法
（応用編）

20 第2章 将来価値の計算方法（応用編）

2.1 概要

　第1章では、今のお金（例えば1万円）が1年後や3年後、もっと長く100年後、さらには何年後かも決めず、n年後にいくらになるのかということを学びました。将来価値が、以下の計算式で表現できることをもう一度確認しておきましょう。

　　　$FVn = PV \times (1+r)^{\wedge}n$

　そして第1章では、この計算式を用いて、今の時点で一定額を、定められた金利のもとで預金すると、将来いくらになるのかを学びました。本章では、今の時点だけでなく、将来、追加で預金する場合や、金利の異なる預金に複数預ける場合などについて考えてみようと思います。

2.2 追加で預金をしたら将来価値はいくらになるのか

2.2.1 今だけでなく、1年後にも1万円を追加した場合

　今1万円を預金するだけでなく、1年後にも1万円を追加で預け、その後は追加の預金をせずに10年後まで（期間10まで）預けたらいくらになるでしょうか。このような場合、どのように計算すれば良いのでしょうか。エクセルで次のような表を作成して計算してみようと思います。

　表2.1を見て下さい。B1セルの「CF0」というのは、期間0時点（現時点）に預金する金額という意味です。同様にC1セルの「CF1」というのは、期間1時点（1年後）にも預金する金額という意味です。私が適当に付け

(表2.1)

	A	B	C	D
1		CF0	CF1	
2	元本			
3	金利			
4				
5	0			
6	1			
7	2			
8	3			
9	4			
10	5			
11	6			
12	7			
13	8			
14	9			
15	10			
16				

22　第2章　将来価値の計算方法（応用編）

た略語ですので、ご自身で理解しやすい名前を付けて下さい。

　では、具体的な値を入力してみようと思います。まずCF0とCF1の預金額を入力しましょう。どちらも1万円を預金し、金利も3％で計算してみましょう。B2セルからC3セルに預金額と金利を入力してください。具体的には、B2セルとC2セルに預金額である「10,000」、B3セルをC3セルに金利である「3％」を直接入力します。これらのセルを適宜参照させることになります。

　次に、期間0時点（5行目）の預金額を入力します。CF0については、期間0で1万円を預金しますので、B5セルに「=B2」と入力し、B2セルを参照させます。CF1については、期間0では預金をしませんので、C5セルには「0」と入力します。

　期間1時点（6行目）での預金額は、CF0については、期間1時点での預

（表2.2）

	A	B	C	D	E
1		CF0	CF1		
2	元本	10,000.00	10,000.00		
3	金利	3.00%	3.00%		
4					
5	0	10,000.00	0.00		
6	1	=B5*(1+$B$3)			
7	2				
8	3				
9	4				
10	5				
11	6				
12	7				
13	8				
14	9				
15	10				
16					

2.2 追加で預金をしたら将来価値はいくらになるのか *23*

金額に利息を付けた値になりますので、Ｂ６セルに「=B5*(1+$B$3)」と入力します（**表2.2**参照）。ここでは階乗を示す「＾」マークを使わずに計算しています。またＣＦ１については、期間１で初めて１万円を預金しますので、Ｃ６セルに「=C2」と入力し、Ｃ２セルを参照させます。

期間２時点（７行目）での預金額は、ＣＦ０は期間１時点の預金額に利息が付いた金額になりますが、利息を付ける計算式は、既にＢ６セルに入力していますので、Ｂ７セルを入力する際は、Ｂ６セルをコピーして貼り付けます。ＣＦ１も、期間２時点では、期間１時点の預金額に利息が付いた金額になります。ＣＦ１については初めて利息を付けた計算をしますので、Ｃ７セルには「=C6*(1+$C$3)」と入力します。「Ｃ６」というのは期間１時点での預金額で、「*(1+$C$3)」は利息を加える計算を意味しています。

このようにして、期間２時点でのＣＦ０とＣＦ１の入力ができたら、残りの入力はコピーをして貼り付けをすることで行えます。具体的には、Ｂ７セルとＣ７セルをコピーしてB15セルとC15セルまで貼り付けます。そうすると以下のような表ができあがります。**表2.3**を見て下さい。

24　第２章　将来価値の計算方法（応用編）

（表2.3）

	A	B	C	D
1		CF0	CF1	
2	元本	10,000.00	10,000.00	
3	金利	3.00%	3.00%	
4				
5	0	10,000.00	0.00	
6	1	10,300.00	10,000.00	
7	2	10,609.00	10,300.00	
8	3	10,927.27	10,609.00	
9	4	11,255.09	10,927.27	
10	5	11,592.74	11,255.09	
11	6	11,940.52	11,592.74	
12	7	12,298.74	11,940.52	
13	8	12,667.70	12,298.74	
14	9	13,047.73	12,667.70	
15	10	13,439.16	13,047.73	
16				

　CF０では、期間０（現時点、５行目、Ｂ５セル）に預金した１万円が、１年後（Ｂ６セル）には３％の利息がついて１万300円になっています。２年後には１万300円に３％の利息がついて１万609円になっています。同じように計算して、10年後には９年後の金額に３％の利息がついた金額になっています。CF１では、期間１（１年後、Ｃ６セル）に預金した１万円が、翌年（Ｃ７セル）３％の利息がついて１万300円になっています。これをCF０と同じように期間10まで繰り返し計算をしています。

　ところで、ここで考えたいのは、今の１万円の将来価値と、１年後に預金する１万円の将来価値の合計ですので、合計欄を作ってみようと思います。合計はＤ列に入力してみましょう。各期での合計額が分かるようにしました。具体的には期間０時点（５行目）での合計額として、Ｄ５セルに「=B5+C5」と

2.2 追加で預金をしたら将来価値はいくらになるのか　*25*

入力します。それ以降はＤ５セルをコピーして、期間10（15行目）まで貼り付けます。そうすると、次のような表が完成します。**表2.4**を見て下さい。

(表2.4)

	A	B	C	D	E
1		CF0	CF1		
2	元本	10,000.00	10,000.00		
3	金利	3.00%	3.00%		
4				合計	
5	0	10,000.00	0.00	=B5+C5	
6	1	10,300.00	10,000.00	20,300.00	
7	2	10,609.00	10,300.00	20,909.00	
8	3	10,927.27	10,609.00	21,536.27	
9	4	11,255.09	10,927.27	22,182.36	
10	5	11,592.74	11,255.09	22,847.83	
11	6	11,940.52	11,592.74	23,533.26	
12	7	12,298.74	11,940.52	24,239.26	
13	8	12,667.70	12,298.74	24,966.44	
14	9	13,047.73	12,667.70	25,715.43	
15	10	13,439.16	13,047.73	26,486.90	
16					

　このような表を作成しても計算できますが、追加預金をもっと長い期間にわたって行う場合などに、列を更に追加しなければならないなど、少々面倒です。そこで、次のような表を作成して、同じ計算をしてみようと思います。**表2.5**を見て下さい。

26 第2章 将来価値の計算方法（応用編）

（表2.5）

	A	B	C	D	E
1			CF0		
2	元本		10,000.00		
3	金利		3.00%		
4		追加預金			
5	0	10,000.00	10,000.00	=B5	
6	1	10,000.00	=B6+C5*(1+$C$3)		
7	2	0.00	20,909.00		
8	3	0.00	21,536.27		
9	4	0.00	22,182.36		
10	5	0.00	22,847.83		
11	6	0.00	23,533.26		
12	7	0.00	24,239.26		
13	8	0.00	24,966.44		
14	9	0.00	25,715.43		
15	10	0.00	26,486.90		
16					

　こちらの表でも、期間10（15行目）の金額は「26,486.90」となっているのが確認できますが、この表をどのように作成するのかを見て行きましょう。B列には毎年の預金額を入力します。B5セルには今の預金額として「10,000」が、B6セルには1年後の預金額として「10,000」が、それぞれ入力されています。期間2以降は「0」となっていますので、期間2以降に追加の預金はありません。

　C列では将来価値の計算を行っています。C5セルには今現在の預金なので、「=B5」とだけ入力します。1年後には、追加で1万円を預金し、さらに今現在の預金額には利息が付きますので、その合計額を計算します。具体的には、「=B6+C5*(1+$C$3)」と入力します。このセルの入力内容について少し説明をします。「B6」というのは追加の預金額です。「C5」というのは期間0時点での預金額で、これに「(1+$C$3)」を掛けることで、利息が加算された

2.2　追加で預金をしたら将来価値はいくらになるのか　*27*

金額になっています。要するに、その期の追加預金額と、前年の預金額に利息を加えた金額を足しています。このようにＣ６セルを入力したら、Ｃ６セルをコピーしてＣ15セルまで貼り付けます。念のため、Ｃ15セルを確認すると、以下のような入力になっています。

（表2.6）

	A	B	C	D	E
1			CF0		
2	元本		10,000.00		
3	金利		3.00%		
4		追加預金			
5	0	10,000.00	10,000.00	=B5	
6	1	10,000.00	20,300.00		
7	2	0.00	20,909.00		
8	3	0.00	21,536.27		
9	4	0.00	22,182.36		
10	5	0.00	22,847.83		
11	6	0.00	23,533.26		
12	7	0.00	24,239.26		
13	8	0.00	24,966.44		
14	9	0.00	25,715.43		
15	10	0.00	=B15+C14*(1+$C$3)		
16					
17					

期間９時点（14行目）での預金額に金利を加えた金額と、期間10時点での追加預金額の合計が計算されています。

2.2.2　今から5年後まで、毎年1万円を追加した場合

では、期間０から期間５まで１万円を預金する場合はどうでしょう。**表2.4**に修正を加えて、Ｄ列からＧ列までにCF２からCF５を入力してみて

28 第2章 将来価値の計算方法（応用編）

下さい。CF2は期間2で、CF3は期間3でそれぞれ1万円を預金します。
CF4もCF5も同様ですので、それより前の期ではゼロを入力します。

（表2.7）

	A	B	C	D	E	F	G	H	I
1		CF0	CF1	CF2	CF3	CF4	CF5		
2	元本	10,000.00	10,000.00	10,000.00	10,000.00	10,000.00	10,000.00		
3	金利	3.00%	3.00%	3.00%	3.00%	3.00%	3.00%		
4								合計	
5	0	10,000.00	0.00	0.00	0.00	0.00	0.00	=SUM(B5:G5)	
6	1	10,300.00	10,000.00	0.00	0.00	0.00	0.00	20,300.00	
7	2	10,609.00	10,300.00	10,000.00	0.00	0.00	0.00	30,909.00	
8	3	10,927.27	10,609.00	10,300.00	10,000.00	0.00	0.00	41,836.27	
9	4	11,255.09	10,927.27	10,609.00	10,300.00	10,000.00	0.00	53,091.36	
10	5	11,592.74	11,255.09	10,927.27	10,609.00	10,300.00	10,000.00	64,684.10	
11	6	11,940.52	11,592.74	11,255.09	10,927.27	10,609.00	10,300.00	66,624.62	
12	7	12,298.74	11,940.52	11,592.74	11,255.09	10,927.27	10,609.00	68,623.36	
13	8	12,667.70	12,298.74	11,940.52	11,592.74	11,255.09	10,927.27	70,682.06	
14	9	13,047.73	12,667.70	12,298.74	11,940.52	11,592.74	11,255.09	72,802.52	
15	10	13,439.16	13,047.73	12,667.70	12,298.74	11,940.52	11,592.74	74,986.60	
16									
17									

　合計を入力するセルには、B列からG列まで足す計算式を入力します。こ
のような表を作ってしまえば、今1万円預金し、さらに1年後から5年後にも
それぞれ1万円を預金し、それぞれ3％で運用すると、10年後までの間にどの
ように預金が増えていくのかが分かります。

　次の**表2.8**のような表を作成しても良いです。**表2.6**のようにB列に追加
預金額を入力します。具体的にはB5セルに「=$C$2」と入力し、これをコ
ピーしてB10セルまで貼り付けます。次に、将来価値を計算するC列のセル
に、その期の追加預金の額と前期の預金額に利息を付けた金額の合計を入力し
ます。

2.2　追加で預金をしたら将来価値はいくらになるのか　*29*

(表2.8)

	A	B	C	D	E
1			CF0		
2	元本		10,000.00		
3	金利		3.00%		
4		追加預金			
5	0	10,000.00	10,000.00		
6	1	10,000.00	20,300.00		
7	2	10,000.00	30,909.00		
8	3	10,000.00	41,836.27		
9	4	10,000.00	53,091.36		
10	5	10,000.00	64,684.10		
11	6	0.00	66,624.62		
12	7	0.00	68,623.36		
13	8	0.00	70,682.06		
14	9	0.00	72,802.52		
15	10	0.00	74,986.60		
16					

　具体的には、C6セルに「=B6+C5*(1+$C$3)」と入力し、これをコピーして C15セルまで貼り付けます。入力内容を**表2.9**で確認して下さい。

　どのような表を作っても良いですが、計算結果は同じになるはずです。**表2.7**、**表2.9**のどちらも、10年後の預金額が「74,986.60」となっていることが分かります。

30 第2章 将来価値の計算方法（応用編）

(表2.9)

	A	B	C	D	E
1			CF0		
2	元本		10,000.00		
3	金利		3.00%		
4		追加預金			
5	0	10,000.00	10,000.00		
6	1	10,000.00	=B6+C5*(1+$C$3)		
7	2	10,000.00	30,909.00		
8	3	10,000.00	41,836.27		
9	4	10,000.00	53,091.36		
10	5	10,000.00	64,684.10		
11	6	0.00	66,624.62		
12	7	0.00	68,623.36		
13	8	0.00	70,682.06		
14	9	0.00	72,802.52		
15	10	0.00	74,986.60		
16					
17					

2.2.3 追加の預金額が変わる場合

　追加の預金額が1万円ではなく、その年によって異なる場合はどのようにすれば良いでしょう。例えば、今15万円を預金して、1年後から5年後までの間に毎年1万円を追加で預金したとき、10年後はいくらになっているでしょうか。直前で作った表を、以下（**表2.10**）のように修正して計算をしてみました。預金額が変わりますので、これまで預金額として参照させていたC2セルの値を削除し、B列に直接数字を入力しています。B5セルには「150,000」、B6セルからB10セルには「50,000」という数字が直接入力されています。

2.2 追加で預金をしたら将来価値はいくらになるのか　*31*

（表2.10）

	A	B	C	D	
1			CF0		
2	元本				
3	金利		3.00%		
4		預金額			
5	0	150,000.00	150,000.00		
6	1	50,000.00	204,500.00		
7	2	50,000.00	260,635.00		
8	3	50,000.00	318,454.05		
9	4	50,000.00	378,007.67		
10	5	50,000.00	439,347.90		
11	6	0.00	452,528.34		
12	7	0.00	466,104.19		
13	8	0.00	480,087.31		
14	9	0.00	494,489.93		
15	10	0.00	509,324.63		
16					

32 第 2 章　将来価値の計算方法（応用編）

2.3　金利（利回り）の異なる預金をしたら将来価値は いくらになるのか

　これまでは、金利が同じ預金に積み立てる場合を考えましたが、金利の異なる預金に複数預けることもあると思いますので、そのような場合も考えてみようと思います。例えば、普通預金の他に、定期預金にも預け、投資信託にも投資する場合を考えてみようと思います。いずれも今から始めて10年後にいくらになるのかを計算してみます。具体的には、普通預金は今から毎年50万円を追加で預金し、金利は 1 ％とします。定期預金は、今150万円を預金し、金利は 3 ％とします。投資信託は毎年12万円ずつ投資し、利回りは 4 ％とします。

　以下のような表を作成することで計算ができます。**表2.11**を見て下さい。

2.3　金利（利回り）の異なる預金をしたら将来価値はいくらになるのか　*33*

（表2.11）

	A	B	C	D	E	F	G
1		普通預金	定期預金	投資信託			
2	初回	500,000.00	1,500,000.00	120,000.00			
3	追加	500,000.00	0.00	120,000.00			
4	金利	1.00%	3.00%	4.00%			
5					合計		
6	0	500,000.00	1,500,000.00	120,000.00	2,120,000.00		
7	1	1,005,000.00	1,545,000.00	244,800.00	2,794,800.00		
8	2	1,515,050.00	1,591,350.00	374,592.00	3,480,992.00		
9	3	2,030,200.50	1,639,090.50	509,575.68	4,178,866.68		
10	4	2,550,502.51	1,688,263.22	649,958.71	4,888,724.43		
11	5	3,076,007.53	1,738,911.11	795,957.06	5,610,875.70		
12	6	3,606,767.61	1,791,078.44	947,795.34	6,345,641.39		
13	7	4,142,835.28	1,844,810.80	1,105,707.15	7,093,353.23		
14	8	4,684,263.63	1,900,155.12	1,269,935.44	7,854,354.19		
15	9	5,231,106.27	1,957,159.78	1,440,732.85	8,628,998.90		
16	10	5,783,417.33	2,015,874.57	1,618,362.17	9,417,654.07		
17							

　この表の作り方を確認して行こうと思います。まず、初回預入額の欄を2行目（B2セルからD2セル）に、追加預入額の欄を3行目（B3セルからD3セル）に作りました。金利は4行目（B4セルからD4セル）に入力しています。これらのセルを適宜参照させます。

　期間0時点（6行目）は、B列からD列までいずれも、各列の2行目を参照させます。具体的には、B6セルに「=B2」と入力し、これをコピーして、C6セルとD6セルに貼り付けます。期間1時点（7行目）は、追加預入額と、期間0時点の預入額に利息が付いた金額の合計を計算します。具体的にはB7セルに「=B$3+B6*(1+B$4)」と入力します（**表2.12**参照）。「$」を付ける位置に注意してください、このセルをコピーして横（C列やD列）に貼り付けると参照先が変わりますが、縦（8行目や9行目など）に貼り付けても参照先は変

34 第2章 将来価値の計算方法（応用編）

わりません。

(表2.12)

	A	B	C	D	E	F
1		普通預金	定期預金	投資信託		
2	初回	500,000.00	1,500,000.00	120,000.00		
3	追加	500,000.00	0.00	120,000.00		
4	金利	1.00%	3.00%	4.00%		
5						
6	0	500,000.00	1,500,000.00	120,000.00		
7	1	=B$3+B6*(1+B$4)				
8	2					
9	3					
10	4					
11	5					
12	6					
13	7					
14	8					
15	9					
16	10					
17						

　次にB7セルをコピーして、C7とD7に貼り付けます。すると、**表2.13**のようになります。

2.3　金利（利回り）の異なる預金をしたら将来価値はいくらになるのか　*35*

（表2.13）

	A	B	C	D	E	F
1		普通預金	定期預金	投資信託		
2	初回	500,000.00	1,500,000.00	120,000.00		
3	追加	500,000.00	0.00	120,000.00		
4	金利	1.00%	3.00%	4.00%		
5						
6	0	500,000.00	1,500,000.00	120,000.00		
7	1	1,005,000.00	1,545,000.00	244,800.00		
8	2					
9	3					
10	4					
11	5					
12	6					
13	7					
14	8					
15	9					
16	10					
17						

　D7セルを確認すると、きちんと参照すべきセルを参照していることが分かります（**表2.14**参照）。

36 第2章 将来価値の計算方法（応用編）

（表2.14）

	A	B	C	D	E	F
1		普通預金	定期預金	投資信託		
2	初回	500,000.00	1,500,000.00	120,000.00		
3	追加	500,000.00	0.00	120,000.00		
4	金利	1.00%	3.00%	4.00%		
5						
6	0	500,000.00	1,500,000.00	120,000.00		
7	1	1,005,000.00	1,545,000.00	=D$3+D6*(1+D$4)		
8	2					
9	3					
10	4					
11	5					
12	6					
13	7					
14	8					
15	9					
16	10					

　あとは、Ｂ7セルからＤ7セルをコピーして、B16セルからD16セルまで貼り付けます。

　きちんと参照されているかを確認してみましょう。試しに、C14セルを確認してみましたが、きちんと参照すべきセルが参照されていることが分かります（**表2.15**参照）。

2.3 金利（利回り）の異なる預金をしたら将来価値はいくらになるのか *37*

（表2.15）

	A	B	C	D	E	F
1		普通預金	定期預金	投資信託		
2	初回	500,000.00	1,500,000.00	120,000.00		
3	追加	500,000.00	0.00	120,000.00		
4	金利	1.00%	3.00%	4.00%		
5						
6	0	500,000.00	1,500,000.00	120,000.00		
7	1	1,005,000.00	1,545,000.00	244,800.00		
8	2	1,515,050.00	1,591,350.00	374,592.00		
9	3	2,030,200.50	1,639,090.50	509,575.68		
10	4	2,550,502.51	1,688,263.22	649,958.71		
11	5	3,076,007.53	1,738,911.11	795,957.06		
12	6	3,606,767.61	1,791,078.44	947,795.34		
13	7	4,142,835.28	1,844,810.80	1,105,707.15		
14	8	4,684,263.63	=C$3+C13*(1+C$4)			
15	9	5,231,106.27	1,957,159.78	1,440,732.85		
16	10	5,783,417.33	2,015,874.57	1,618,362.17		
17						

最後に、合計欄を作れば完成です。

38　第2章　将来価値の計算方法（応用編）

(表2.16)

	A	B	C	D	E	F
1		普通預金	定期預金	投資信託		
2	初回	500,000.00	1,500,000.00	120,000.00		
3	追加	500,000.00	0.00	120,000.00		
4	金利	1.00%	3.00%	4.00%		
5					合計	
6	0	500,000.00	1,500,000.00	120,000.00	2,120,000.00	
7	1	1,005,000.00	1,545,000.00	244,800.00	2,794,800.00	
8	2	1,515,050.00	1,591,350.00	374,592.00	3,480,992.00	
9	3	2,030,200.50	1,639,090.50	509,575.68	4,178,866.68	
10	4	2,550,502.51	1,688,263.22	649,958.71	4,888,724.43	
11	5	3,076,007.53	1,738,911.11	795,957.06	5,610,875.70	
12	6	3,606,767.61	1,791,078.44	947,795.34	6,345,641.39	
13	7	4,142,835.28	1,844,810.80	1,105,707.15	7,093,353.23	
14	8	4,684,263.63	1,900,155.12	1,269,935.44	7,854,354.19	
15	9	5,231,106.27	1,957,159.78	1,440,732.85	8,628,998.90	
16	10	5,783,417.33	2,015,874.57	1,618,362.17	=SUM(B16:D16)	
17						

2.4 将来一定額（目標額）を蓄えるにはどのようにすれば良いか

　次は、少し視点を変えて、何年後でも良いのですが、将来の目標額を設定し、それを実現させるには、今いくら預け入れる必要があるのか、あるいは追加でいくら預け入れる必要があるのかを考えてみようと思います。先ほどの表（**表2.16**）を使って考えてみましょう。

　例えば、普通預金が10年後1,000万円になるようにしたいとします。初回預入額は100万円で、金利が1％だとすると、追加預入額をいくらにすれば、10年後1,000万円になるでしょうか。次の表（**表2.17**）は、普通預金の初回預入額を100万円に変更したものです。B2セルに「1,000,000」と入力します。追加預入額は50万円のままですので、10年後の金額（B16セルの値）は約633万円と、目標の1,000万円には程遠い金額です。

40 第２章　将来価値の計算方法（応用編）

（表2.17）

	A	B	C	D	E	F
1		普通預金	定期預金	投資信託		
2	初回	1,000,000.00	1,500,000.00	120,000.00		
3	追加	500,000.00	0.00	120,000.00		
4	金利	1.00%	3.00%	4.00%		
5						
6	0	1,000,000.00	1,500,000.00	120,000.00	2,620,000.00	
7	1	1,510,000.00	1,545,000.00	244,800.00	3,299,800.00	
8	2	2,025,100.00	1,591,350.00	374,592.00	3,991,042.00	
9	3	2,545,351.00	1,639,090.50	509,575.68	4,694,017.18	
10	4	3,070,804.51	1,688,263.22	649,958.71	5,409,026.43	
11	5	3,601,512.56	1,738,911.11	795,957.06	6,136,380.72	
12	6	4,137,527.68	1,791,078.44	947,795.34	6,876,401.46	
13	7	4,678,902.96	1,844,810.80	1,105,707.15	7,629,420.91	
14	8	5,225,691.99	1,900,155.12	1,269,935.44	8,395,782.55	
15	9	5,777,948.91	1,957,159.78	1,440,732.85	9,175,841.54	
16	10	6,335,728.40	2,015,874.57	1,618,362.17	9,969,965.13	
17						
18						

　追加預入額（Ｂ３セルの値）が少ないようですので、この値を増やしてみましょう。エクセルのゴールシークやソルバーという機能を使っても良いですが、まずは具体的な数値を直接手で入力してみて下さい。もし、追加預入額を100万円にすると以下のように、10年後の値は約1,156万円なります（**表2.18**参照）。

2.4 将来一定額（目標額）を蓄えるにはどのようにすれば良いか　*41*

（表2.18）

	A	B 普通預金	C 定期預金	D 投資信託	E	F
1		普通預金	定期預金	投資信託		
2	初回	1,000,000.00	1,500,000.00	120,000.00		
3	追加	1,000,000.00	0.00	120,000.00		
4	金利	1.00%	3.00%	4.00%		
5						
6	0	1,000,000.00	1,500,000.00	120,000.00	2,620,000.00	
7	1	2,010,000.00	1,545,000.00	244,800.00	3,799,800.00	
8	2	3,030,100.00	1,591,350.00	374,592.00	4,996,042.00	
9	3	4,060,401.00	1,639,090.50	509,575.68	6,209,067.18	
10	4	5,101,005.01	1,688,263.22	649,958.71	7,439,226.93	
11	5	6,152,015.06	1,738,911.11	795,957.06	8,686,883.23	
12	6	7,213,535.21	1,791,078.44	947,795.34	9,952,408.99	
13	7	8,285,670.56	1,844,810.80	1,105,707.15	11,236,188.51	
14	8	9,368,527.27	1,900,155.12	1,269,935.44	12,538,617.83	
15	9	10,462,212.54	1,957,159.78	1,440,732.85	13,860,105.17	
16	10	11,566,834.67	2,015,874.57	1,618,362.17	15,201,071.40	
17						

　今度は少し追加預入額が多かったようですので、追加預入額を少し減らして
みましょう。B3セルの値を80万円、90万円、85万円と変えながら、B16セル
の値が1,000万円になるようにしてみましょう。B3セルの値を「850,238」に
すると、B16セルの値は「9,999,992.79」となります（**表2.19**参照）。もう一
息です。

42 第2章 将来価値の計算方法（応用編）

(表2.19)

	A	B	C	D	E	F
1		普通預金	定期預金	投資信託		
2	初回	1,000,000.00	1,500,000.00	120,000.00		
3	追加	850,238.00	0.00	120,000.00		
4	金利	1.00%	3.00%	4.00%		
5						
6	0	1,000,000.00	1,500,000.00	120,000.00	2,620,000.00	
7	1	1,860,238.00	1,545,000.00	244,800.00	3,650,038.00	
8	2	2,729,078.38	1,591,350.00	374,592.00	4,695,020.38	
9	3	3,606,607.16	1,639,090.50	509,575.68	5,755,273.34	
10	4	4,492,911.24	1,688,263.22	649,958.71	6,831,133.16	
11	5	5,388,078.35	1,738,911.11	795,957.06	7,922,946.51	
12	6	6,292,197.13	1,791,078.44	947,795.34	9,031,070.91	
13	7	7,205,357.10	1,844,810.80	1,105,707.15	10,155,875.05	
14	8	8,127,648.67	1,900,155.12	1,269,935.44	11,297,739.23	
15	9	9,059,163.16	1,957,159.78	1,440,732.85	12,457,055.79	
16	10	9,999,992.79	2,015,874.57	1,618,362.17	13,634,229.53	
17						

　B3セルの値を「850,239」にすると、B16セルの値は「10,000,003.25」とな
ります（**表2.20**参照）。若干オーバーしましたが、1円単位で入力すると、
追加預入額が「850,239」であれば、10年後の目標額である1,000万円到達しま
す。

2.4 将来一定額（目標額）を蓄えるにはどのようにすれば良いか　*43*

(表2.20)

	A	B	C	D	E	F
1		普通預金	定期預金	投資信託		
2	初回	1,000,000.00	1,500,000.00	120,000.00		
3	追加	850,239.00	0.00	120,000.00		
4	金利	1.00%	3.00%	4.00%		
5						
6	0	1,000,000.00	1,500,000.00	120,000.00	2,620,000.00	
7	1	1,860,239.00	1,545,000.00	244,800.00	3,650,039.00	
8	2	2,729,080.39	1,591,350.00	374,592.00	4,695,022.39	
9	3	3,606,610.19	1,639,090.50	509,575.68	5,755,276.37	
10	4	4,492,915.30	1,688,263.22	649,958.71	6,831,137.22	
11	5	5,388,083.45	1,738,911.11	795,957.06	7,922,951.62	
12	6	6,292,203.28	1,791,078.44	947,795.34	9,031,077.07	
13	7	7,205,364.32	1,844,810.80	1,105,707.15	10,155,882.27	
14	8	8,127,656.96	1,900,155.12	1,269,935.44	11,297,747.52	
15	9	9,059,172.53	1,957,159.78	1,440,732.85	12,457,065.16	
16	10	10,000,003.25	2,015,874.57	1,618,362.17	13,634,239.99	
17						
18						

　以上で将来価値の計算を終えますが、エクセルの使い方に少しは慣れてきましたでしょうか。第3章はいよいよ現在価値の計算方法をみていきます。これまでと同様、エクセルに入力しながら実際に計算してみて下さい。

第３章

現在価値の計算方法

46 第３章 現在価値の計算方法

3.1 現在価値と中間利息控除の関係

　現在価値の計算は、１年後や３年後、もっと長く10年後や25年後など、将来
のある時点で得られる金額が、今現時点ではいくらの価値なのかを計算するこ
とです。弁護士業務との絡みでいえば、交通事故の損害賠償請求訴訟などで逸
失利益を損害として入れる際に中間利息控除の計算をしますが、この中間利息
控除の計算こそ、現在価値の計算をしていることになります。

　少し具体的に考えてみましょう。例えば「１年後に１万円をもらえるはず
だったのに、もらえなくなってしまった。」というケースを考えてみます。も
ちろん、こんなケースは、実務上はあり得ないとは思いますが、いきなり複雑
な問題に取りかかるよりも、単純なケースから、一歩一歩、考えながら理解を
深めた方が、結果的には深い理解を得られることになりますので、少し考えて
みようと思います。

　１年後に得られる１万円を現時点で受け取る場合、中間利息を控除した金額
を逸失利益の額として計算します。その際、実務上、多くの弁護士は、赤い本
のライプニッツ係数を用いて計算をします。つまり、１万円に１年の原価係数
（ライプニッツ係数）をかけて、中間利息を控除した逸失利益の額を計算しま
す。もし２年後に受け取れる１万円が受け取れなくなったという場合は、１万
円に２年の原価係数（ライプニッツ係数）をかけて、中間利息を控除した逸失
利益の額を計算します。

　多くの弁護士はこのように、将来のある一時点で受け取ることができる金額
に、その期間に対応する係数をかけて現時点での評価額を計算します。このよ
うな中間利息控除の計算こそ、現在価値の計算をしていることになります。で
すので、現在価値の計算は、赤い本の係数表を使っても計算できます。

　ですが、将来得られたはずの利益の中には、給与だけでなく、認められるか
どうかは別として、副業や兼業などの収入、年金など様々考えられます。これ

らの収入は、受取金額が異なることはもちろんのこと、受取開始日、受取期間が異なることもあります。このような場合に係数表を使って中間利息控除の計算をしようとすると、どの収入についてどの係数を使うのかを探し出すだけで一苦労です。探し出す手間だけならまだしも、間違った係数を用いてしまう、選び出した係数を入力する際に誤った数値で計算してしまう、計算した後で給与額を間違えていたことに気付いたという時に再計算が面倒、などの不便さがあります。

　そこで本章では、係数表を使わないで現在価値を計算する方法を具体的に学んでいこうと思います。

48　第３章　現在価値の計算方法

3.2　現在価値の計算方法

3.2.1　現在価値と将来価値の関係

　第１章で、交通事故事案における訴訟前の示談の価値や訴訟後の判決の価値
について少し考えてみました。そこでは、今、相手方の提案を受けいれて
1,000万円を受領し、１年間預金したら、１年後にいくらになるのかを計算
し、それを判決で下されることになる金額と比較する、という視点で検討しま
した。

　今度は視点を変えて、訴訟を提起し判決になれば１年後に1,250万円を受領
できる場合、この1,250万円を現在の時点で評価するといくらの価値になるの
か、という観点から考えてみようと思います。それこそが現在価値の計算にな
ります。

　ところで、将来価値は元本に利息を加えた金額として計算しました。このよ
うな将来価値の計算と同じような視点で考えるのであれば、現在価値の計算と
は、今いくら受領して預金すると、１年後に利息を付けて1,250万円になるの
かという問題になります。もし、判決までに２年かかる見込みであれば、今い
くら受領して預金すると、２年後に利息を付けて判決額と同じ1,250万円にな
るのかという問題になります。すなわち、「今いくら受領すれば」というのを
求めるのが現在価値の計算になります。

　このように、将来価値の計算も、現在価値の計算も、求める対象が将来の値
なのか、現在の値なのかが違うだけで、現在の１万円と将来の１万円では価値
は異なるものだ、という基本的な発想は同じままです。そこで、まずは現在価
値の意味を、既に学んだ将来価値と関連づけながら学んでいこうと思います。

3.2 現在価値の計算方法 *49*

3.2.2 現在価値を将来価値の表を使って計算してみる

簡単な例からはじめましょう。1年後に1万円をもらえるとします。その1年後の1万円は、今もらえる1万円と同じでしょうか。将来価値の計算でも見たように、今1万円預金をすると、1年後には利息分（1％で考えます）が増えることになります。これは今の1万円は、1年後は1万100円の価値を持つことを意味します。ですから、利息が付く限り、今の1万円と1年後の1万円は同じではありません。では、今いくら預金すると、1年後に1万円になるのでしょうか。

将来価値の計算で以下の表（**表3.1、表1.9**と同じ）を作りました。これは今の1万円が将来いくらになるかという計算表でした。

（表3.1）

	A	B	C	D	E	F	G
5							
6	元本	10,000.00					
7	利息	1.00%					
12							
13	0	10,000.00					
14	1	10,100.00					
15	2	10,201.00					
16	3	10,303.01					
17							

この表を使って1年後の1万円が、今いくらなのかを考えてみましょう。どうすれば良いでしょう。1年後の価値を示しているのはB14セルです。B14セルには「10,100.00」と表示されていますが、これは今の1万円が、金利1％だと、1年後には1万100円になることを意味しています。別の言い方をすると、1年後の1万100円は、金利1％だと今は1万円の価値を持つことを意味します。

50　第3章　現在価値の計算方法

　ここで考えたいのは、1年後の1万円が今いくらなのかです。そして、この表では、今いくらかというのはB6セルに入力されています。そこで、このB6セルの値を変えることで1年後の「10,100.00」という値を1万円に近づけてみましょう。

　1年後に1万円になるということは、今の価値に置き換えると利息分少ない金額になりますので、B6セルに入力する値は1万円よりも少ない金額になります。試しにB6セルに「9,000」と入力してみましょう。**表3.2**を見て下さい。B14セルは「9,090.00」となりました。これは今の9,000円が1年後9,090円になることを意味します。1年後の9,090円と今の9,000円が同じ価値であることを示しています。ですが、これでは今求めようとしている、「1年後の金額を1万円にするには、今の元本をいくらにしなければいけないか?」という問いの答えにはなりません。B6セルの値が小さいようです。

(表3.2)

	A	B	C	D	E	F	G
5							
6	元本	9,000.00					
7	利息	1.00%					
12							
13	0	9,000.00					
14	1	9,090.00					
15	2	9,180.90					
16	3	9,272.71					
17							

　そこで、B6セルに入力する元本をもう少し増やして、1年後の値(B14セルの値)が1万円になるようにしましょう。先ほどは、9,000と入力しましたが、9,500、9,700、9,800と入力してもまだ1年後の価値は1万円になりませんね。9,900と入力するとどうでしょう。B14セルが「9,999.00」となりました。あと1円です(**表3.3**参照)。

3.2 現在価値の計算方法 *51*

(表3.3)

	A	B	C	D	E	F	G
5							
6	元本	9,900.00					
7	利息	1.00%					
12							
13	0	9,900.00					
14	1	9,999.00					
15	2	10,098.99					
16	3	10,199.98					
17							

　試しに、「9,901」と入力してみましょう（**表3.4**参照）。

(表3.4)

	A	B	C	D	E	F	G
5							
6	元本	9,901.00					
7	利息	1.00%					
12							
13	0	9,901.00					
14	1	10,000.01					
15	2	10,100.01					
16	3	10,201.01					
17							

　端数はありますが、B14セルの値がおよそ1万円になりました。これで金利が1％だとすると、1年後の1万円が、今は9,901円の価値を持つことが分かりました。これは、1年後の1万円の現在価値は、金利1％だと9,901円であると表現できます。

　このように、将来価値を計算した表を用いて現在価値を計算することができますので、将来価値と現在価値の関係を少しは理解できたと思います。ですが、これでは現在価値を計算するには余りにも面倒です。もっと端的に計算で

52 第3章　現在価値の計算方法

きないでしょうか。現在価値をもっと楽に計算する表を作ってみようと思いますが、その前に、現在価値の計算式について確認しておこうと思います。

3.2.3　現在価値の計算式を将来価値の計算式から導いてみる

第1章で、将来価値が以下の式で表せることを確認しました。

$FVn = PV \times (1+r)\wedge n$

この式を、現在価値（PV）についての式に変形させてみましょう。具体的には両辺を$(1+r)\wedge n$で割ります。すると次の式になります。

$FVn \div (1+r)\wedge n = PV \times (1+r)\wedge n \div (1+r)\wedge n$

右辺の「$(1+r)\wedge n \div (1+r)\wedge n$」は分母も分子もどちらも「$(1+r)\wedge n$」であり、消すことができますので、次のような式に変形できます。

$FVn \div (1+r)\wedge n = PV$

以上から、現在価値が以下の式で表せることが分かりました。

$PV = FVn \div (1+r)\wedge n$

現在価値の計算式の説明はこれにて完了です。あとは、将来価値の計算で身に付けたエクセルの使い方を駆使して応用してみましょう！ということでも良いのですが、それではあまりに不親切ですので、現在価値についても一歩一歩はしごを登って行こうと思います。

3.2.4　1年後にもらえる1万円は、金利1%だと今いくらの価値が　　　　　あるのか〜現在価値の計算表を作って計算してみる

先ほど示したとおり、現在価値は次のような数式で表現できます。

$PV = FVn \div (1+r)\wedge n$

そこで、この式に具体的な数値を当てはめてみようと思います。ここでは1年後の1万円の現在価値が、金利1％だといくらになるのかを考えていますので、「FVn」を「1万円」に、「r」を「1％」に、「n」を「1」に置き換えます。すると、PVは以下のような数式になります。

3.2 現在価値の計算方法　*53*

$PV = 1万円 \div (1 + 1\%)^1$

　　　$= 1万円 \div 1.01^1$

　これをエクセルで計算してみましょう。まずは、C14セルに「=10,000/1.01^1」と数字を直接入力してみて下さい。「/」は割る（÷）を意味します。

（表3.5）

	A	B	C	D	E	F	G
5							
6	元本	9,901.00					
7	利息	1.00%					
12							
13	0	9,901.00					
14	1	10,000.01	9900.99	=10000/1.01^1			
15	2	10,100.01					
16	3	10,201.01					
17							

　このように数字を直接入力しても現在価値の計算はできます。ですが、いちいち、個々のセルに具体的な数字や数式を入力していては面倒なままです。将来価値の計算で行ったように、コピーと貼り付けを上手く使った処理もできません。そこで、将来価値の計算と同様、セルを参照させることで、もっと便利に、簡単に計算できる方法を、具体例を見ながら考えてみようと思います。

3.2.5　現在価値の計算〜その1：1回だけ受領できる場合

3.2.5.1　1年後にもらえる1万円は、今いくらの価値なのか

　既に述べましたが、現在価値の計算というのは、簡単な例で表現すれば、「1年後にもらえる1万円が今いくらの価値を持つのか」を計算するということです。そして、将来価値の計算式（$FV_n = PV \times (1 + r)^n$）から、次のよう

54　第3章　現在価値の計算方法

な現在価値の計算式を導くことができました。

　　$PV = FVn \div (1+r)^n$

　この式に数値を当てはめていきます。これまでは利息を1％としましたが、ここでは赤い本を利用してきた皆さんが使い慣れた5％で計算してみようと思います。「FVn」を「1万円」に、「r」を「5％」に、「n」を「1」に、それぞれ置き換えてみると、以下の通りになります。

　　$PV = 1万円 \div (1+5\%)^1$

　これを計算してみるといくらになりましたか？　電卓でも良いですが、是非エクセルを使って計算してみて下さい。まずは、セルの参照を使わずに、数値を直接入力して計算してみて下さい。B2セルに「＝10,000/（1＋5％）^1」と直接数値を入力してみると、こんな数値になりました。

(表3.6)

	A	B	C	D	E
1					
2		9523.809523810	=10000/(1+5%)^1		
3					
4					
5					

　ですが、既にご承知のとおり、これではあまりに面倒なのと、金額や期間、さらには変動金利の施行により金利が変わった場合、修正するのにあまりに不便です。そこで、将来価値の計算でも練習したように、セルの参照を上手く使って計算してみようと思います。次のような表を作ってみて下さい。いくら便利なエクセルでも、最低限入力しなければならない項目はあります。それは面倒ですが自分で入力しなければいけません（**表3.7**参照）。

3.2 現在価値の計算方法　55

(表3.7)

	A	B	C	D	E
1					
2	損害	10000			
3	利息	5%			
4					
5		将来CF	現在価値		
6	0	0			
7	1	10000			
8					

　少し説明をします。B2セルには将来得られる金額である「10,000」、B3セルには利息の値である「5％」を入力します。これらのセルを適宜参照させることになります。「将来CF」というのは将来キャッシュフローのことで、いついくらもらえるのかが示されています。A6セルに入力されている「0」は現時点を意味します。B6セルには「0」と入力します。これで現時点でのキャッシュフローは「0」であることが入力できました。A7セルに入力されている「1」は1年後を意味し、B7セルに「10,000」と表示されていますので、1年後に1万円のキャッシュフローが発生することが分かります。なお、B7セルには直接「10,000」という数値を入力するのではなく、「=B2」と入力し、B2セルを参照させています。

　さて、これで現在価値を計算する準備が整いましたので、いよいよ現在価値を計算してみましょう。C7セルに現在価値の計算式を入れてみましょう。将来価値の計算の応用です。表3.8のように入力してみて下さい。D7セルには、C7セルに入力した内容をそのまま示していますので、参考にしてみて下さい。$マークの位置が、将来価値の計算と若干異なりますので、注意して下さい。

56　第3章　現在価値の計算方法

(表3.8)

	A	B	C	D	E	F	G
1							
2	損害	10000					
3	利息	5%					
4							
5		将来CF	現在価値				
6	0	0					
7	1	10000	9523.809523810	=B7/(1+$B$3)^A7			
8							
9							

　この表のC7セルに入力してある「=B7/(1+$B$3)^A7」という式について少し説明をしておきます。まず、「B7」というのは、1年後（期間1）時点にもらえる「10,000」のことです。「/(1+$B$3)^A7」のうち、「$B$3」というのは利息「5％」のことで、「A7」というのは期間「1」のことです。ですので、「=B7/(1+$B$3)^A7」という式は、「=10,000/(1+5%)^1」という計算を行っていることになります。

　先ほどは、セルに直接「=10,000/(1+5%)^1」という式を入力しましたが、そのようにして計算した結果と同じ値になりました。ここまでできれば、現在価値の計算について、ほぼ理解できたと言っても過言ではありません。あとは応用すれば良いだけですが、もう少し、基本的な問題を考えてみようと思います。

　その前に、せっかく作った現在価値の計算表を使って、損害額や利息の値を変えて、どのように現在価値の値が変わるのかを見てみましょう。まずは、変動金利制に対応できるように、金利を変えてみましょう。どうすれば良いかはもうお分かりですよね。B3セルに入力している値が金利で、B3セルを参照させながら計算をしていますので、B3セルの値を変えれば良いだけです。では、試しに、B3セルの値を「5％」から「3％」に変えてみましょう。

3.2 現在価値の計算方法 57

(表3.9)

	A	B	C	D	E	F	G
1							
2	損害	10000					
3	利息	3%					
4							
5		将来CF	現在価値				
6	0	0					
7	1	10000	9708.737864078	=B7/(1+$B$3)^A7			
8							

　金利が低くなるということは計算式の分母が小さくなるということですから、現在価値の値も５％で計算したときよりも大きくなっています。これで変動金利への対応はひとまずクリアしました。このように係数表が無くても、エクセルを上手く使えば、簡単に変動金利制に対応できてしまいます。では、今度は、金利は３％のままで、損害額を変えてみましょう。思い切って3,000万円と入力してみましょう。いくらになりましたか。

(表3.10)

	A	B	C	D	E	F
1						
2	損害	30,000,000				
3	利息	3%				
4						
5		将来CF	現在価値			
6	0	0				
7	1	30,000,000	29,126,213.592233	=B7/(1+$B$3)^A7		
8						
9						

　なるほど、１年後にもらえる3,000万円の現在価値は、およそ「29,126,213.59233…」円なんですね。これで変動金利だけでなく、金額が変わることにも対応できるようになりました。

58 第3章 現在価値の計算方法

では今度は利息をまた5％に戻してみましょう。どうなるでしょうか。

(表3.11)

	A	B	C	D	E	F
1						
2	損害	30,000,000				
3	利息	5%				
4						
5		将来CF	現在価値			
6	0	0				
7	1	30,000,000	28,571,428.571429	=B7/(1+$B$3)^A7		
8						
9						

　なるほど、利息を5％にすると、1年後にもらえる3,000万円の現在価値は、およそ「28,571,428.571429…」円なんですね。

　さあ、ここまでをマスターすれば、金額が変わっても、利息が変わっても、1年後にもらえるキャッシュフローの現在価値は計算できるようになりました。

　ところで、損害額を1円にしたらどうなると思いますか。少し考えてみて下さい。「1年後の1円を現時点で評価すると1円未満だから金銭的に価値が無い！」などという屁理屈は抜きにして考えてみましょう。もちろん、「考えるくらいなら計算してしまえ！」ということで、先ほどの表の損害額を「1」と入力してしまっても良いですよ。いくらになりましたか。1万円の例で出てきた計算結果を1万分の1にしても良いのですが、その値にどこかで見覚えはありませんか。そうです、この値は1年の原価係数の値になります（**表3.12**参照）。

3.2　現在価値の計算方法　59

(表3.12)

	A	B	C	D	E	F
1						
2	損害	1				
3	利息	5%				
4						
5		将来CF	現在価値			
6	0	0				
7	1	1	0.9523809523810	=B7/(1+$B$3)^A7		
8						

3.2.5.2　2年後にもらえる1万円は、今いくらの価値なのか

　では次に、2年後にもらえる1万円の現在価値を考えてみましょう。現在価値の計算式をもう一度確認しておきましょう。現在価値は以下の計算式でした。

　　$PV = FVn \div (1+r)^n$

　この式に具体的な数値を当てはめてみましょう。利息は5％で計算してみて下さい。「FVn」を「1万円」に、「r」を「5％」に、「n」を「2」に置き換えてみると、以下の通りになります。

　　$PV = 1万円 \div (1+5\%)^2$

　ここでもまずは自分で計算してみましょう。いくらになりましたか？エクセルでも計算をしてみましょう。B2セルに「=10,000/(1+5%)^2」と数値を直接入力してみると、こんな値になりました。

(表3.13)

	A	B	C	D	E
1					
2		9070.294784581	=10000/(1+5%)^2		
3					
4					

60 第３章　現在価値の計算方法

　やはり、このままでは不便なので、新たに表を作成して２年後の１万円が今いくらの価値を持つのかを計算してみようと思います。次のような表を作ってみましょう。

(表3.14)

	A	B	C	D	E	F
1						
2	損害	10,000				
3	利息	5%				
4						
5		将来CF	現在価値			
6	0	0				
7	1	0	0.000000	=B7/(1+$B$3)^A7		
8	2					
9						

　この表の作り方は次の通りです。まず、Ａ２セルとＡ３セルに「損害」、「利息」という項目（どんな名称でも良いです）を入力します。Ｂ２セルには損害額である「10,000」を入力します。Ｂ３セルには金利の「５％」を入力します。Ａ列には、いつ（何年後）受領するのかを示す「期間」を入力します。具体的には、Ａ６セルからＡ８セルに「０」から「２」の値を入力します。Ｂ列には受領金額を入力します。期間０時点（現時点、６行目）と期間１時点（１年後、７行目）に受領するお金は無いので、Ｂ６セルとＢ７セルに「０」を入力します。Ｃ列ではその期に受領する金額の現在価値を計算します。具体的には、Ｃ７セルに「=B7/(1+$B$3)^A7」と入力します。Ｃ７セルで行った計算結果は「0.0000」となっていますが、これはＢ７セルが「０」ですので、当然の計算結果です。この事案では、わざわざＣ７セルに現在価値の計算式を入力する必要はありませんが、１年後に受領する金額が後でわかった時に、きちんと計算結果が反映されるよう、数式を入力しておくと良いでしょう。

　次に、２年後にもらえる１万円について入力してみましょう。Ｂ８セルに入

力しますが、「10,000」と直接数値を入力するのではなく、B2セルを参照させることはこれまで勉強してきたのと同じです。C8セルには、現在価値を計算する数式を入力します。「=B8/(1+$B$3)^A8」とセルを参照させながら入力しても良いですが、せっかく期間1（1年後、7行目）時点のC7セルに計算式を入力しましたので、それを使ってみましょう。どうやるかは簡単です。C7セルをコピーして、C8セルに貼り付ければおしまいです。以下のような表が作れれば完成です。

(表3.15)

	A	B	C	D	E	F
1						
2	損害	10,000				
3	利息	5%				
4						
5		将来CF		現在価値		
6	0	0				
7	1	0	0.000000	=B7/(1+$B$3)^A7		
8	2	10,000	9,070.294784581	=B8/(1+$B$3)^A8		
9						
10						

　当たり前といえば当たり前ですが、「=10,000/(1+5%)^2」と直接数値を入力した計算結果と同じになりましたね。でも、参照をうまく利用した計算方法の方が圧倒的に楽ですよね。

　次のステップに移る前に、やはりここでも、損害額が1円だったらどうなるか考えてみましょう。いや、考えるのではなく、計算してみましょう。計算方法は簡単です。B2セルに「1」と入力するだけです。いくらになりましたか？上の表の1万分の1を計算すれば良いのですが、この値、やはりどこかで見覚えはありませんか？　はい、この値は、2年の原価係数になります（**表3.16**参照）。

62　第３章　現在価値の計算方法

(表3.16)

	A	B	C	D	E	F
1						
2	損害	1				
3	利息	5%				
4						
5		将来CF	現在価値			
6	0	0				
7	1	0	0.0000000000000	=B7/(1+$B$3)^A7		
8	2	1	0.9070294784581	=B8/(1+$B$3)^A8		
9						
10						

3.2.6　現在価値の計算～その２：複数年受領できる場合

3.2.6.1　１年後から複数年間受領する１万円は、今いくらの価値なのか

　次にマスターするのは、３年後や５年後、あるいはもっと長く10年後にもら
える１万円の現在価値を計算することではありません。２年後の計算まできち
んとマスターすれば、３年後以降にやることは基本的には同じです。

　次は、１回きりしかもらえない１万円ではなく、複数年もらえる場合の現在
価値を考えてみようと思います。例えば、１年後と２年後に、それぞれ１万円
をもらえるとします。その場合、これらの現在価値の合計はいくらになるで
しょうか。もう答えは出ているようなものですね。先ほど、１年後と２年後の
１万円の現在価値をそれぞれ計算しましたので、その合計になります。以下の
２つの表（**表3.17**、**表3.18**）にある現在価値の合計ですね。１年後の表に
ある「9,523.809523810」と２年後の表にある「9,070.294784581」を足し算した
値になります。さあ、みなさん電卓を持って計算してみましょう！ではなく、
先ほど作った表（同じものを以下で示します）を合体させてしまいましょう。

3.2　現在価値の計算方法　*63*

(表3.17)

	A	B	C	D	E	F	G
1							
2	損害	10000					
3	利息	5%					
4							
5		将来CF	現在価値				
6	0	0					
7	1	10000	9523.809523810	=B7/(1+$B$3)^A7			
8							
9							

(表3.18)

	A	B	C	D	E	F
1						
2	損害		10,000			
3	利息		5%			
4						
5		将来CF		現在価値		
6	0		0			
7	1		0	0.000000	=B7/(1+$B$3)^A7	
8	2		10,000	9,070.294784581	=B8/(1+$B$3)^A8	
9						
10						

　どうすれば良いのかはここまで勉強してきた皆さんならお分かりかと思います。B列に将来の受領額が入力されるのですから、**表3.18**のＢ７セルに「10,000」と表示されるようにすれば良いということです。Ｂ７セルに「＝Ｂ２」と入力すると、以下のような表になります。

64 第3章　現在価値の計算方法

（表3.19）

	A	B	C	D	E	F	G
1							
2	損害	10,000					
3	利息	5%					
4							
5		将来CF	現在価値				
6	0	0					
7	1	10,000	9,523.809523810	=B7/(1+$B$3)^A7			
8	2	10,000	9,070.294784581	=B8/(1+$B$3)^A8			
9							

　ここまでの表が作れれば、次は、現在価値の合計額が計算できれば完成です。

　どこのセルでも良いので合計欄を作って計算してみましょう。その際、現在価値に割り引かない「将来CF」の合計額と比較ができるように「将来CF」の合計も計算すると良いでしょう。次のような表が作れれば完璧です。

（表3.20）

	A	B	C	D	E	F	G
1							
2	損害	10,000					
3	利息	5%					
4							
5		将来CF	現在価値				
6	0	0					
7	1	10,000	9,523.809523810	=B7/(1+$B$3)^A7			
8	2	10,000	9,070.294784581	=B8/(1+$B$3)^A8			
9	合計	20,000	18,594.104308390	=SUM(C6:C8)			
10							

　1年後と2年後に1万円ずつ合計2万円を受領できる場合、これらを今まとめて受領するなら、金利が5％のもとでは、現在価値は1万8,594円となります。

　次の設例に移る前に、もし損害額が1円だったらどうなるかを計算してみま

しょう。B2セルの値を「1」にして下さい。小数点以下の値が多かったり少なかったりするかもしれませんが、以下のような表になるはずです。

(表3.21)

	A	B	C	D	E	F
1						
2	損害	1				
3	利息	5%				
4						
5		将来CF	現在価値			
6	0	0				
7	1	1	0.952380952	=B7/(1+$B$3)^A7		
8	2	1	0.907029478	=B8/(1+$B$3)^A8		
9	合計	2	1.8594104308390	=SUM(C6:C8)		
10						
11						

　さて、またここでも先ほどと同じ質問ですが、C9セルに表示されている値に心当たりありませんか。はい、この値は2年の年金原価係数になります。

3.2.6.2　数年後から数年間受領する1万円は、今いくらの価値なのか

　では次に、少し設例を変えて、6年後から10年後までの5年間に1万円がもらえる場合の現在価値を計算してみようと思います。先ほどの1年後と2年後にそれぞれ1万円がもらえるケースの応用ですが、どのような表を作れば良いかイメージは湧きますか？　先ほどの表を修正しても良いですが、またゼロから作り直してみましょう。まずは、以下のような入力をしてみて下さい。

66 第3章 現在価値の計算方法

(表3.22)

	A	B	C	D	E
1					
2	損害	10,000			
3	利息	5%			
4					
5		将来CF	現在価値		
6	0	0			
7	1	=A6+1			
8					
9					

　A7セルには「1」と数値を入力するのではなく、「=A6+1」と入力します。B6セルに表示されている「=A6+1」というのは、A7セルに入力した数式を示しているだけです。実際にB7セルに入力する内容ではありません。A7セルに入力してある「=A6+1」の意味は、A6セルに入力されている値に1を加えた値にする、という意味です。具体的にはA6セルには「0」と入力されていますので、A7セルは「0+1」の計算結果が表示されることになります。このA7セルをコピーしてA8セルからA16セルまで貼り付けてみましょう。10年後までの表の枠組みが出来上がりました。B7セルからB16セルには、A7セルからA16セルに入力されている数式を参考として示しています。

3.2　現在価値の計算方法　*67*

（表3.23）

	A	B	C	D	E	F
1						
2	損害	10,000				
3	利息	5%				
4						
5		将来CF	現在価値			
6	0	0				
7	1	=A6+1				
8	2	=A7+1				
9	3	=A8+1				
10	4	=A9+1				
11	5	=A10+1				
12	6	=A11+1				
13	7	=A12+1				
14	8	=A13+1				
15	9	=A14+1				
16	10	=A15+1				
17	合計					
18						

　次に、B7セルからB16セルまでに具体的な数値を入力していきますが、1年目から5年目までは「0」ですので、B6セルをコピーして、貼り付けてしまいましょう。B12セルからB16セルには「10,000」になるように入力をしますが、どのセルも損害額が入力されているB2セルを参照させるようにしましょう。$マークを上手く使って入力してみて下さい。以下のような表ができあがるはずです。

68 第3章 現在価値の計算方法

(表3.24)

	A	B	C	D	E
1					
2	損害	10,000			
3	利息	5%			
4					
5		将来CF	現在価値		
6	0	0			
7	1	0			
8	2	0			
9	3	0			
10	4	0			
11	5	0			
12	6	10,000	=$B$2		
13	7	10,000	=$B$2		
14	8	10,000	=$B$2		
15	9	10,000	=$B$2		
16	10	10,000	=$B$2		
17	合計				
18					

　B12セルから B16セルが「10,000」と表示されていることからも確認できますが、6年後から10年後まで毎年1万円をもらえることが表の中で示されています。C12セルから C16セルの数式は、B12セルから B16セルに入力されている数式です。参考までに示しておきます。次に、これらの現在価値を計算して合計額を出します。もう簡単にできるようになりましたよね。以下のような表が作れれば完璧です。

3.2 現在価値の計算方法　*69*

(表3.25)

	A	B	C	D	E	F
1						
2	損害	10,000				
3	利息	5%				
4						
5		将来CF	現在価値			
6	0	0	0			
7	1	0	0			
8	2	0	0			
9	3	0	0			
10	4	0	0			
11	5	0	0			
12	6	10,000	7,462.153966366			
13	7	10,000	7,106.813301301			
14	8	10,000	6,768.393620287			
15	9	10,000	6,446.089162178			
16	10	10,000	6,139.132535408			
17	合計	50,000	33,922.582585540			

　C列のC6セルからC16セルには現在価値の計算式を入力します。具体的には、C6セルに「=B6/(1+$B$3)^A6」と入力します。これをコピーして、C16セルまで貼り付けます。なぜC6セルからC11セルには将来CFが無いのにあえて数式を入力するかというと、後でもし2年目からも受領できることが分かったという場合などに、将来CFの入力内容を変えれば簡単に修正できるからです。

　ところで、もしこの設例を、赤い本の係数表を使って計算するとしたら、どのように計算をすることになるでしょうか。原価係数表だけを使っても良いですし、年金原価係数表を併用しても良いですし、年金原価係数表だけを使っても良いですが、設問は同じなので計算結果はほぼ同じになるはずです。私も久しぶりに赤い本を使って計算しようと試みましたが、途中で挫折しました。ちなみに、ここで「ほぼ同じになる」と指摘しましたが、そのわけは後で述べま

70 第3章 現在価値の計算方法

す。

　ここまでの計算ができれば、事案に即した様々な計算ができるはずです。例えば、上記事例に、別の将来CFを加えてみましょう。1年目に2万円、2年目から4年目に5万円、5年目に3万円をそれぞれもらえるとしたらどうなるでしょう。エクセルの表に直接数値を入力してみて下さい。以下のような表になりましたか？

(表3.26)

	A	B	C	D	E	F
1						
2	損害	10,000				
3	利息	5%				
4						
5		将来CF	現在価値			
6	0	0	0			
7	1	20000	19,047.619047619			
8	2	50000	45,351.473922903			
9	3	50000	43,191.879926574			
10	4	50000	41,135.123739594			
11	5	30000	23,505.784994054			
12	6	10,000	7,462.153966366			
13	7	10,000	7,106.813301301			
14	8	10,000	6,768.393620287			
15	9	10,000	6,446.089162178			
16	10	10,000	6,139.132535408			
17	合計	250,000	206,154.464216283			
18						

　C7セルは1年後に受領する2万円の現在価値、C8セルからC10セルには、2年後から4年後までの間に受領する5万円の各期の現在価値、C11セルは5年後に受領する3万円の現在価値が計算されています。

　実務上はこんな事案は無いかもしれません。でも金額、受領期間、支払開始日の異なる収入があり、それを計算したいということは、実務上でもあるので

はないでしょうか。そのような計算があっという間にできてしまいます。もし赤い本の係数表を使って計算していたらどれだけ時間がかかるでしょう（タイムチャージが発生するのだろう！）。

　これで現在価値の計算方法についての説明は終わりますが、ここまでの計算ができれば、あとはその応用です。事案に即した現在価値の計算をしてみて下さい。

第4章

変動金利に対応した係数表の作り方

〜係数表の意味〜

4.1 はじめに

　本書の目的は、係数表を使わずに今までよりも効率的に中間利息控除の計算を行うことです。現に、第3章で現在価値の計算を行ったように、赤い本の係数表を使わなくても、中間利息控除の計算はできます。ですので、本章は読み飛ばして第5章以降に進んでも構いませんが、多くの読者が慣れ親しんでいる赤い本の係数表（原価係数表と年金原価係数表）の意味を、今一度確認しておこうと思います。そして、実際に2つの係数表をエクセルで作り、その過程で中間利息控除の意味についての理解を深めてもらおうと思います。第3章で学んだ現在価値の計算と同じ計算をしますが、ぜひ、本章を読み進めながら、エクセルで実際に自分の手で係数表を作ってみて、赤い本の係数表と同じ値になるのかを確かめてみて下さい。さらに、金利が変動した場合の係数表も作ってみようと思いますので、一緒にチャレンジしてみて下さい。

4.2　原価係数表の作成方法とその意味

4.2.1　金利5%の原価係数表の作り方とその意味

　まずは、原価係数表から検討しようと思います。年利5％の原価係数表を実際に作りながら、その意味についても考えて行きましょう。

　エクセルを開いてA列には何年後に受領するのかを示す「期間」を入力します。現在価値の計算式は「PV＝FVn÷(1＋r)^n」ですが、A列はこの「n」についての入力になります。A列に入力された値を用いて、現在価値の計算を行います。具体的にはA2セルに「=A1+1」と入力します。A1セルには何も入力されていませんので、A2セルには「=0+1」の計算結果が示されます。A2セルをコピーして必要な分だけ貼り付けます。何年分の係数表を作ってみましょうか。「人生100年時代到来」というフレーズや、「100年安心」とい

（表4.1）

	A	B	C	D	I
1		5%			
2	1	=1/(1+$B$1)^A2			
3	2				
4	3				
5	4				
6	5				
7	6				
8	7				
9	8				
10	9				
11	10				
12	11				

76　第4章　変動金利に対応した係数表の作り方～係数表の意味～

うフレーズにあやかって、100年分作ってみましょう。A2セルをコピーして、A101まで貼り付けてください。

　次に、金利をどこかのセルに入力しますが、以下の表では、B1セルに「5%」と入力しています。このセルを参照させます。現在価値の計算式の「r」の入力が終わりました。

　さて、B2セル以降では、現在価値の計算式を入力しますが、原価係数表は、ある年にもらえる1円の現在価値を計算したものです。なので、1円を割り引くことになります。これは現在価値の計算式の「FVn」が1円ということを意味します。実際にどのように入力するかというと、B2セルに「=1/(1+$B$1)^A2」と入力します。分子の「1」が現在価値の計算式の「FVn」になります。また「$B$1」というのは5%という金利「r」です。「A2」というのは期間「n」、すなわち割引回数を表しています。したがって、ここで入力した内容は1年後もらえる1円を5%で現在まで割り引くといくらになるか、という意味になります。

　ENTERキーを押すと次のようになります。

(表4.2)

	A	B	C
1		5%	
2	1	0.952381	
3	2		
4	3		
5	4		
6	5		
7	6		
8	7		
9	8		
10	9		
11	10		

　次にB2セルをコピーして、B101セルまで貼り付けます。

4.2 原価係数表の作成方法とその意味 77

(表4.3)

	A	B	C	D	E	F
1		5%				
2	1	0.952381				
3	2	0.907029				
4	3	0.863838				
5	4	0.822702				
6	5	0.783526				
7	6	0.746215				
8	7	0.710681				
9	8	0.676839				
10	9	0.644609				
11	10	0.613913				
12	11	0.584679				
13	12	0.556837				
14	13	0.530321				
15	14	0.505068				
16	15	0.481017				
17	16	0.458112				
18	17	0.436297				
19	18	0.415521				
20	19	0.395734				
21	20	0.376889				
22	21	0.358942				
23	22	0.34185				
24	23	0.325571				

　表4.4を見て下さい。途中の表は省きますが、100年まで入力できています。これで人生100年時代や100年安心プランにも対応できますね。

78　第4章　変動金利に対応した係数表の作り方～係数表の意味～

（表4.4）

	A	B	C	D	E
81	80	0.020177			
82	81	0.019216			
83	82	0.018301			
84	83	0.01743			
85	84	0.0166			
86	85	0.015809			
87	86	0.015056			
88	87	0.014339			
89	88	0.013657			
90	89	0.013006			
91	90	0.012387			
92	91	0.011797			
93	92	0.011235			
94	93	0.0107			
95	94	0.010191			
96	95	0.009705			
97	96	0.009243			
98	97	0.008803			
99	98	0.008384			
100	99	0.007985			
101	100	0.007604			
102					

4.2.2　変動金利に対応した原価係数表の作り方

　では、変動金利に対応するにはどうしたら良いのでしょう。たった1ヵ所、B1セルに入力されている5％という値を別の数値にすれば良いだけです。例えば、金利3％の原価係数表を作りたいのであれば次のようにします。

4.2 原価係数表の作成方法とその意味 79

(表4.5)

	A	B	C	D
1		3%		
2	1	0.970874		
3	2	0.942596		
4	3	0.915142		
5	4	0.888487		
6	5	0.862609		
7	6	0.837484		
8	7	0.813092		
9	8	0.789409		
10	9	0.766417		
11	10	0.744094		
12	11	0.722421		
13	12	0.70138		
14	13	0.680951		
15	14	0.661118		
16	15	0.641862		

　表4.6を見て下さい。100年安心プランにも対応できています。

80　第４章　変動金利に対応した係数表の作り方〜係数表の意味〜

（表4.6）

	A	B	C
89	88	0.074186	
90	89	0.072026	
91	90	0.069928	
92	91	0.067891	
93	92	0.065914	
94	93	0.063994	
95	94	0.06213	
96	95	0.06032	
97	96	0.058563	
98	97	0.056858	
99	98	0.055202	
100	99	0.053594	
101	100	0.052033	
102			

4.2.3　赤い本の原価係数表で確認してみましょう

　このようにして作成した原価係数表が、赤い本に示されている原価係数と同じ値なのか確認してみましょう。**表4.3**の小数点以下の表示を増やして、赤い本の値と同じかご自身で確認してみて下さい。

　「おや？」と思った方もいるかもしれません。実は、赤い本の原価係数表では、小数点８桁までしか表示されていません。小数点９桁目以降は切り捨てられてしまっています。ところが、実際には原価係数自体は８桁以降にも小さな値ではありますが数が存在しています。エクセルでは小数点８桁以降の数値を切り捨てていない値になっています。どちらが正確な数値かは言うまでもありません。

4.3　年金原価係数表の作成方法とその意味

4.3.1　年金原価係数表の作り方とその意味

　次は、年金原価係数表を作ってみましょう。先ほど原価係数表を作成しましたので、それを利用しながら作ってみます。

　まず、年金原価係数で示されている数値の意味をきちんと考えてみようと思います。年金原価係数の意味は、１円を１年後から一定期間、継続して受給できるという場合の現在価値です。例えば、もし、１円を１年後に１回だけ受給できるという場合の年金原価係数は、原価係数と同じ値になります。では、１円を１年後から２年後まで２回受給できる場合はどうなるでしょう。それは先ほど作成した１年の原価係数と、２年の原価係数を足した値になります。これが２年の年金原価係数になります。では、１円を１年後から３年後まで受給できる場合はどうなるでしょう。それは原価係数表に示されている、１年の原価係数と、２年の原価係数と、３年の原価係数を足した値になります。これが３年の年金原価係数になります。４年後以降も同じように考えて行きます。４年の年金原価係数は、１年の原価係数から４年の原価係数を足した値になります。ｎ年後の年金原価係数は、１年の原価係数からｎ年の原価係数までを足した値になります。

　ところで、１年の原価係数と１年の年金原価係数は同じ値です。そうすると、２年の年金原価係数は、１年の年金原価係数と２年の原価係数を足した値になります。また、３年の年金原価係数は、１年から３年のまでの原価係数を足した値ですが、１年から２年までの原価係数を足した値は、２年の年金原価係数になります。ですから、３年の年金原価係数は、２年の年金原価係数と３年の原価係数を足した値になります。要するに、ｎ年の年金原価係数を求める方法は、１年からｎ年までの原価係数の合計を出しても算出できますが、１

82 第4章 変動金利に対応した係数表の作り方～係数表の意味～

年から「n－1年」までの年金原価係数にn年の原価係数を足しても算出できることになります。

　文章で書くと良く分からないかもしれませんので、エクセルで表を作ってしまいましょう。先ほど作った原価係数表を使います。金利は3％のままで良いです。B列に原価係数を入力しましたので、C列に年金原価係数を入力してみましょう。C2セルに「＝C1＋B2」と入力して下さい。C1には何も入力されていませんが、それで構いません。

(表4.7)

	A	B	C	D
1		3%		
2	1	0.970874	=C1+B2	
3	2	0.942596		
4	3	0.915142		
5	4	0.888487		
6	5	0.862609		
7	6	0.837484		
8	7	0.813092		
9	8	0.789409		
10	9	0.766417		
11	10	0.744094		
12	11	0.722421		
13	12	0.70138		

　ENTERキーを押すと、以下の表のようになります。予想どおり、C2セルの値は、B2セルの値と同じになりますが、その意味は異なります。B2セルに入力されているのは1年の原価係数ですが、C2セルに入力されているのは1年の年金原価係数を意味します。

4.3 年金原価係数表の作成方法とその意味　*83*

(表4.8)

	A	B	C	D
1		3%		
2	1	0.970874	0.970874	
3	2	0.942596		
4	3	0.915142		
5	4	0.888487		
6	5	0.862609		
7	6	0.837484		
8	7	0.813092		

　では、Ｃ２セルをコピーしてＣ101セルまで貼り付けてみましょう。

(表4.9)

1		3%		
2	1	0.970874	0.970874	
3	2	0.942596	1.91347	
4	3	0.915142	2.828611	
5	4	0.888487	3.717098	
6	5	0.862609	4.579707	
7	6	0.837484	5.417191	
8	7	0.813092	6.230283	
9	8	0.789409	7.019692	
10	9	0.766417	7.786109	
11	10	0.744094	8.530203	
12	11	0.722421	9.252624	
13	12	0.70138	9.954004	
14	13	0.680951	10.63496	
15	14	0.661118	11.29607	
16	15	0.641862	11.93794	
17	16	0.623167	12.5611	

　Ｃ３セルは２年の年金原価係数ですが、その値は、Ｃ２セルの値（１年の年

84　第4章　変動金利に対応した係数表の作り方〜係数表の意味〜

金原価係数）とB3セル（2年の原価係数）を足した値になっています。C4
セルは3年の年金原価係数の値ですが、その値は、C3セルの値（2年の年金
原価係数）とB4セルの値（3年の原価係数）を足した値になっています。

　もちろん、100年安心プランにも対応しています。

（表4.10）

	A	B	C	D
89	88	0.074186	30.86045	
90	89	0.072026	30.93248	
91	90	0.069928	31.00241	
92	91	0.067891	31.0703	
93	92	0.065914	31.13621	
94	93	0.063994	31.20021	
95	94	0.06213	31.26234	
96	95	0.06032	31.32266	
97	96	0.058563	31.38122	
98	97	0.056858	31.43808	
99	98	0.055202	31.49328	
100	99	0.053594	31.54687	
101	100	0.052033	31.59891	
102				
103				

4.3.2　変動金利に対応した原価係数表の作り方

　変動金利への対応も簡単です。金利を変えれば良いだけです。今は3％に
なっていますが、また5％に戻してみましょう。

4.3　年金原価係数表の作成方法とその意味　*85*

（表4.11）

	A	B	C	D	E
1		5%			
2	1	0.952381	0.952381		
3	2	0.907029	1.85941		
4	3	0.863838	2.723248		
5	4	0.822702	3.545951		
6	5	0.783526	4.329477		
7	6	0.746215	5.075692		
8	7	0.710681	5.786373		
9	8	0.676839	6.463213		
10	9	0.644609	7.107822		
11	10	0.613913	7.721735		
12	11	0.584679	8.306414		
13	12	0.556837	8.863252		
14	13	0.530321	9.393573		
15	14	0.505068	9.898641		
16	15	0.481017	10.37966		
17	16	0.458112	10.83777		
18	17	0.436297	11.27407		
19	18	0.415521	11.68959		
20	19	0.395734	12.08532		
21	20	0.376889	12.46221		
22	21	0.358942	12.82115		
23	22	0.34185	13.163		
24	23	0.325571	13.48857		
25	24	0.310068	13.79864		

　もちろん、100年安心プラン対応済みです。

86 第4章 変動金利に対応した係数表の作り方～係数表の意味～

(表4.12)

	A	B	C	D
82	81	0.019216	19.61568	
83	82	0.018301	19.63398	
84	83	0.01743	19.65141	
85	84	0.0166	19.66801	
86	85	0.015809	19.68382	
87	86	0.015056	19.69887	
88	87	0.014339	19.71321	
89	88	0.013657	19.72687	
90	89	0.013006	19.73987	
91	90	0.012387	19.75226	
92	91	0.011797	19.76406	
93	92	0.011235	19.77529	
94	93	0.0107	19.78599	
95	94	0.010191	19.79619	
96	95	0.009705	19.80589	
97	96	0.009243	19.81513	
98	97	0.008803	19.82394	
99	98	0.008384	19.83232	
100	99	0.007985	19.84031	
101	100	0.007604	19.84791	
102				

　エクセルの Sum 関数を使いたい方は、Ｃ2セルに次のように入力しても計算できます。

4.3 年金原価係数表の作成方法とその意味　87

(表4.13)

	A	B	C	D	E
1		5%			
2	1	0.952381	=SUM($B$2:B2)		
3	2	0.907029			
4	3	0.863838			
5	4	0.822702			
6	5	0.783526			
7	6	0.746215			
8	7	0.710681			
9	8	0.676839			
10	9	0.644609			
11	10	0.613913			
12	11	0.584679			

　「=SUM($B$2:B2)」というように＄マークが最初のＢ２セルだけについてい
ます。それはなぜかというと、コピーをして貼り付けた時に、常にＢ２セルか
らの合計を計算したいからです。このようにして入力したＣ２セルをコピーし
て、C101セルまで貼り付けてみましょう。先ほど作った表と同じものができ
るはずです。

88 第４章 変動金利に対応した係数表の作り方～係数表の意味～

（表4.14）

	A	B	C	D	E
1		5%			
2	1	0.952381	0.952381		
3	2	0.907029	1.85941		
4	3	0.863838	2.723248		
5	4	0.822702	3.545951		
6	5	0.783526	4.329477		
7	6	0.746215	5.075692		
8	7	0.710681	5.786373		
9	8	0.676839	6.463213		
10	9	0.644609	7.107822		
11	10	0.613913	7.721735		
12	11	0.584679	8.306414		
13	12	0.556837	8.863252		
14	13	0.530321	9.393573		
15	14	0.505068	9.898641		
16	15	0.481017	10.37966		

　試しに、10年の年金原価係数がきちんと、１年から10年までの原価係数の合計になっているか確かめてみましょう。

4.3 年金原価係数表の作成方法とその意味 *89*

(表4.15)

	A	B	C	D	E
1		5%			
2	1	0.952381	0.952381		
3	2	0.907029	1.85941		
4	3	0.863838	2.723248		
5	4	0.822702	3.545951		
6	5	0.783526	4.329477		
7	6	0.746215	5.075692		
8	7	0.710681	5.786373		
9	8	0.676839	6.463213		
10	9	0.644609	7.107822		
11	10	0.613913	=SUM($B$2:B11)		
12	11	0.584679	8.306414		
13	12	0.556837	8.863252		
14	13	0.530321	9.393573		
15	14	0.505068	9.898641		

　C11セルには「=SUM($B$2:B11)」と入力されており、きちんと、B2セルからB11セルまでの合計を出すようになっていますね。

4.3.3　赤い本の年金原価係数表で確認してみましょう

　このようにして作成した年金原価係数の値が、本当に合っているかを、赤い本の係数表と照らし合わせて確認してみて下さい。

　やはり、「おや？」と思った方もいらっしゃるのではないでしょうか。赤い本の年金原価係数表には、注釈に「2006年版までは、小数点以下5桁を切り捨てた数値を掲載していたが、2007年版から四捨五入とした。数値が変更されている箇所があるので注意されたい。」という記載があります。ですので、若干ではありますが、違いがあります。どちらが正確な数値かは言うまでもありません。

　表4.16は、金利3％の原価係数と年金原価係数の表で、小数点以下の表示

90　第４章　変動金利に対応した係数表の作り方〜係数表の意味〜

を増やしたものです。改正民法施行後、赤い本に３％の係数が掲載された時
に、以下の表の値と比較してみて下さい。

（表4.16）

	A	B	C	D
1		3%		
2	1	0.970873786407767	0.970873786407767	
3	2	0.942595909133754	1.913469695541520	
4	3	0.915141659353160	2.828611354894680	
5	4	0.888487047915689	3.717098402810370	
6	5	0.862608784384164	4.579707187194530	
7	6	0.837484256683654	5.417191443878190	
8	7	0.813091511343354	6.230282955221540	
9	8	0.789409234313936	7.019692189535480	
10	9	0.766416732343627	7.786108921879110	
11	10	0.744093914896725	8.530202836775830	
12	11	0.722421276598762	9.252624113374590	
13	12	0.701379880192973	9.954003993567570	
14	13	0.680951339993178	10.634955333560700	
15	14	0.661117805818619	11.296073139379400	
16	15	0.641861947396718	11.937935086776100	
17	16	0.623166939220114	12.561102025996200	
18	17	0.605016445844771	13.166118471841000	
19	18	0.587394607616283	13.753513079457200	
20	19	0.570286026811925	14.323799106269200	
21	20	0.553675754186335	14.877474860455500	
22	21	0.537549275909063	15.415024136364600	
23	22	0.521892500882586	15.936916637247200	
24	23	0.506691748429695	16.443608385676900	

第5章

逸失利益の計算

（架空の死亡事案）

92 第5章 逸失利益の計算（架空の死亡事案）

5.1 架空の事案

　これまでの章で逸失利益の計算をする準備は整いましたので、本章以降では
より実務に近い、具体的なケースについて逸失利益の算定における中間利息控
除の計算方法を検討して行こうと思います。

　次のような交通事故の死亡事案を考えてみましょう。被害者は事故時55歳で
亡くなりました。年収は500万円で、定年は65歳だったとします。逸失利益を
算定する際、赤い本では1年後に受領できる収入から計算しますが、赤い本と
の違いを意識できるように、ここでは、1年後からではなく、今すぐに受領で
きる事案として考えてみようと思います。55歳の年収を今すぐに受領できたと
すると、55歳から65歳までの11年間の給与がもらえなかったことになります。
ですので、逸失利益の算定では、この55歳から65歳まで得られるはずだった給
与について、中間利息控除の計算、すなわち現在価値の計算することになりま
す。金利は5％で計算をしてみましょう。

5.2　エクセルで表を作成する方法

　次のような表を作ってみましょう（**表5.1**参照）。この表では情報を一覧できるようにＢ列に年齢の項目も入れていますが、それ以外はこれまで現在価値を計算してきた項目と同じです。

　まず、Ａ列は期間を入力します。期間「０」というのは今現在（事故時）を意味し、期間「１」というのは１年後を意味します。Ａ列には、次のように入力します。まずＡ８セルには「０」という具体的な数値を入力します。Ａ９セルには「=A8+1」と入力します。

　Ｂ列は年齢を入力します。年齢「55」というのは、期間０時点、すなわち事故時の年齢が55歳であることを意味します。年齢「56」は翌年56歳だったことを意味します。Ｂ列には、次のように入力します。まずＢ８セルには「55」という具体的な数値を入力する必要がありますが、Ｂ９セルには「=B8+1」と入力します。

　このようにして入力したＡ９セルとＢ９セルをコピーして、必要な分だけ貼り付けることになります。

　Ｃ列には給与を入力しますが、Ｂ２セルに給与額を入力していますので、こ

（表5.1）

	A	B	C	D	E	F	G
1							
2	給与	5,000,000					
3	金利	5.00%					
4							
5							
6							
7	期間	年齢	給与	現在価値			
8	0	55	5,000,000	5,000,000.00	=C8/(1+$B$3)^A8		
9	1	56	5,000,000	4,761,904.76	=C9/(1+$B$3)^A9		
10							
11							

94 第5章　逸失利益の計算（架空の死亡事案）

のセルを参照させます。具体的には、C8セルに「=$B$2」と入力します。C9セルは、C8セルをコピーして貼り付けます。

　D列では各期の給与について現在価値の計算を行います。金利はB3セルに入力していますので、このセルを参照させます。具体的にはD8セルに「=C8/(1+$B$3)^A8」と入力します。D9セルは、D8セルをコピーして貼り付けます。

　ここまでの入力が完了したら、A9セルからD9セルまでをまとめて選択してコピーをします（**表5.2**参照）。

（表5.2）

	A	B	C	D	E	F	G	H	I
1									
2	給与	5,000,000							
3	金利	5.00%							
4									
5									
6									
7	期間	年齢	給与	現在価値					
8	0	55	5,000,000	5,000,000.00	=C8/(1+$B$3)^A8				
9	1	56	5,000,000	4,761,90					
10									
11									
12									
13									
14									

5.2　エクセルで表を作成する方法　*95*

コピーしたものを、年齢が65歳までの表になるように貼り付けます。

(表5.3)

	A	B	C	D	E	F
1						
2	給与	5,000,000				
3	金利	5.00%				
4						
5						
6						
7	期間	年齢	給与	現在価値		
8	0	55	5,000,000	5,000,000.00	=C8/(1+$B$3)^A8	
9	1	56	5,000,000	4,761,904.76	=C9/(1+$B$3)^A9	
10	2	57	5,000,000	4,535,147.39		
11	3	58	5,000,000	4,319,187.99		
12	4	59	5,000,000	4,113,512.37		
13	5	60	5,000,000	3,917,630.83		
14	6	61	5,000,000	3,731,076.98		
15	7	62	5,000,000	3,553,406.65		
16	8	63	5,000,000	3,384,196.81		
17	9	64	5,000,000	3,223,044.58		
18	10	65	5,000,000	3,069,566.27		
19						
20						
21						

　次に、合計金額を計算する欄を作って、合計額を計算します。以下のような表になれば完成です（**表5.4**参照）。ただ、このままですと、プリントアウトしたときに罫線が表示されませんので、裁判所等に提出するためにプリントをする場合には、黒枠を付けるなど、より見やすい表になるように各自で工夫してみて下さい。

　Ｅ８セルとＥ９セルには、Ｄ８セルとＤ９セルに入力されている数式を参考として示しています。

96 第 5 章　逸失利益の計算（架空の死亡事案）

(表5.4)

	A	B	C	D	E	F
1						
2	給与	5,000,000				
3	金利	5.00%				
4						
5						
6						
7	期間	年齢	給与	現在価値		
8	0	55	5,000,000	5,000,000.00	=C8/(1+$B$3)^A8	
9	1	56	5,000,000	4,761,904.76	=C9/(1+$B$3)^A9	
10	2	57	5,000,000	4,535,147.39		
11	3	58	5,000,000	4,319,187.99		
12	4	59	5,000,000	4,113,512.37		
13	5	60	5,000,000	3,917,630.83		
14	6	61	5,000,000	3,731,076.98		
15	7	62	5,000,000	3,553,406.65		
16	8	63	5,000,000	3,384,196.81		
17	9	64	5,000,000	3,223,044.58		
18	10	65	5,000,000	3,069,566.27		
19	合計		55,000,000	43,608,674.65		
20						

　もし、変動金利制が始まり、金利を別の値に変えたいのであれば、Ｂ３セルに入力されている「５％」という数値を他の値に変えれば良いだけです。例えば２％にしたいのであれば次のようになります。

5.2　エクセルで表を作成する方法　*97*

(表5.5)

	A	B	C	D	E	F	G
1							
2	給与	5,000,000					
3	金利	2.00%					
4							
5							
6							
7	期間	年齢	給与	現在価値			
8	0	55	5,000,000	5,000,000.00	=C8/(1+$B$3)^A8		
9	1	56	5,000,000	4,901,960.78	=C9/(1+$B$3)^A9		
10	2	57	5,000,000	4,805,843.91			
11	3	58	5,000,000	4,711,611.67			
12	4	59	5,000,000	4,619,227.13			
13	5	60	5,000,000	4,528,654.05			
14	6	61	5,000,000	4,439,856.91			
15	7	62	5,000,000	4,352,800.89			
16	8	63	5,000,000	4,267,451.86			
17	9	64	5,000,000	4,183,776.33			
18	10	65	5,000,000	4,101,741.50			
19	合計		55,000,000	49,912,925.03			
20							

　変更したのはＢ３セルの値だけです。これを変えるだけで、後は勝手に計算をしてくれます。簡単に変動金利に対応できましたね。わざわざ使うべき係数を探さなくても良いなんて、便利だと思いませんか。

98 第5章　逸失利益の計算（架空の死亡事案）

5.3　表に修正を加える方法

5.3.1　収入を追加する方法

　さて、同じ事案で、実は66歳から70歳（実際は平均余命で計算すると思いますが、紙面の関係で70歳までとして計算します）まで年間100万円の年金をもらえたとします。法的に認められるか否かは別として、その分も損害に入れたい場合は、どのように計算をすれば良いでしょう。

　今作った表に修正を加えてみましょう。まずは合計欄を削除して、期間と年

（表5.6）

	A	B	C	D	E	F	G
1							
2	給与	5,000,000					
3	金利	2.00%					
4							
5							
6							
7	期間	年齢	給与	現在価値			
8	0	55	5,000,000	5,000,000.00	=C8/(1+$B$3)^A8		
9	1	56	5,000,000	4,901,960.78	=C9/(1+$B$3)^A9		
10	2	57	5,000,000	4,805,843.91			
11	3	58	5,000,000	4,711,611.67			
12	4	59	5,000,000	4,619,227.13			
13	5	60	5,000,000	4,528,654.05			
14	6	61	5,000,000	4,439,856.91			
15	7	62	5,000,000	4,352,800.89			
16	8	63	5,000,000	4,267,451.86			
17	9	64	5,000,000	4,183,776.33			
18	10	65	5,000,000	4,101,741.50			
19	11	66					
20	12	67					
21	13	68					
22	14	69					
23	15	70					
24							

5.3 表に修正を加える方法 99

齢を70歳分まで広げます（**表5.6**参照）。

　次に、給与のセルに（C19セルから C23セル）「1,000,000」と入力しても良い
のですが、給与と現在価値の間にも１つ年金の項目を作ってみようと思いま
す。「D」列のところで右クリックをすると以下のような画面になりますの
で、「挿入」をクリックして列を挿入してください（**表5.7**参照）。

（表5.7）

	A	B	C	D		
1					✂ 切り取り(T)	
2	給与	5,000,000			📋 コピー(C)	
3	金利	2.00%			📋 貼り付けのオプション:	
4					📋	
5					形式を選択して貼り付け(S)…	
6					挿入(I)	
7	期間	年齢	給与	現在価	削除(D)	
8	0	55	5,000,000	5,000	数式と値のクリア(N)	
9	1	56	5,000,000	4,901	📊 セルの書式設定(E)…	
10	2	57	5,000,000	4,805	列の幅(W)…	
11	3	58	5,000,000	4,711	非表示(H)	
12	4	59	5,000,000	4,619	再表示(U)	
13	5	60	5,000,000	4,528,654.05		
14	6	61	5,000,000	4,439,856.91		
15	7	62	5,000,000	4,352,800.89		
16	8	63	5,000,000	4,267,451.86		
17	9	64	5,000,000	4,183,776.33		
18	10	65	5,000,000	4,101,741.50		
19	11	66				
20	12	67				
21	13	68				

100 第5章 逸失利益の計算（架空の死亡事案）

これで列の挿入ができました。

（表5.8）

	A	B	C	D	E	F	G	H
1								
2	給与	5,000,000						
3	金利	2.00%						
4								
5								
6								
7	期間	年齢	給与		現在価値			
8	0	55	5,000,000		5,000,000.00	=C8/(1+$B$3)^A8		
9	1	56	5,000,000		4,901,960.78	=C9/(1+$B$3)^A9		
10	2	57	5,000,000		4,805,843.91			
11	3	58	5,000,000		4,711,611.67			
12	4	59	5,000,000		4,619,227.13			
13	5	60	5,000,000		4,528,654.05			
14	6	61	5,000,000		4,439,856.91			
15	7	62	5,000,000		4,352,800.89			
16	8	63	5,000,000		4,267,451.86			
17	9	64	5,000,000		4,183,776.33			
18	10	65	5,000,000		4,101,741.50			
19	11	66						
20	12	67						
21	13	68						
22	14	69						
23	15	70						
24								

　次は、新たに「年金」という項目を作ってそこに金額を入れていきます。ど
こかに参照先の年金額を書き入れ、それを参照させると良いでしょう。ここで
はＢ４セルに年金額を入力してそれを参照させてみようと思います。以下のよ
うな表ができましたでしょうか。

5.3　表に修正を加える方法　*101*

(表5.9)

	A	B	C	D	E	F	G	H
1								
2	給与	5,000,000						
3	金利	2.00%						
4	年金	1,000,000						
5								
6								
7	期間	年齢	給与	年金	現在価値			
8	0	55	5,000,000	0	5,000,000.00	=C8/(1+$B$3)^A8		
9	1	56	5,000,000	0	4,901,960.78	=C9/(1+$B$3)^A9		
10	2	57	5,000,000	0	4,805,843.91			
11	3	58	5,000,000	0	4,711,611.67			
12	4	59	5,000,000	0	4,619,227.13			
13	5	60	5,000,000	0	4,528,654.05			
14	6	61	5,000,000	0	4,439,856.91			
15	7	62	5,000,000	0	4,352,800.89			
16	8	63	5,000,000	0	4,267,451.86			
17	9	64	5,000,000	0	4,183,776.33			
18	10	65	5,000,000	0	4,101,741.50			
19	11	66	0	1,000,000				
20	12	67	0	1,000,000				
21	13	68	0	1,000,000				
22	14	69	0	1,000,000				
23	15	70	0	1,000,000				

　D19セルからD23セルには、いずれも「=$B$4」と入力されており、B4セルを参照させています。

　さて、ここから年金についても現在価値に引きなおす計算をするのですが、E18セルをコピーして貼り付けることはできません。なぜなら、E18セルは給与が入力されているC18セルを参照しているからです。このままコピーして貼り付けると、C19セル「0」の現在価値を求めることになってしまいます。

　そこで、E19セルにD19セルを参照させる数式を新たに入力して、割引計算をしても良いです。そうすると以下のようになります。

102 第5章 逸失利益の計算（架空の死亡事案）

（表5.10）

	A	B	C	D	E	F	G	H
1								
2	給与	5,000,000						
3	金利	2.00%						
4	年金	1,000,000						
5								
6								
7	期間	年齢	給与	年金	現在価値			
8	0	55	5,000,000	0	5,000,000.00	=C8/(1+$B$3)^A8		
9	1	56	5,000,000	0	4,901,960.78	=C9/(1+$B$3)^A9		
10	2	57	5,000,000	0	4,805,843.91			
11	3	58	5,000,000	0	4,711,611.67			
12	4	59	5,000,000	0	4,619,227.13			
13	5	60	5,000,000	0	4,528,654.05			
14	6	61	5,000,000	0	4,439,856.91			
15	7	62	5,000,000	0	4,352,800.89			
16	8	63	5,000,000	0	4,267,451.86			
17	9	64	5,000,000	0	4,183,776.33			
18	10	65	5,000,000	0	4,101,741.50			
19	11	66	0	1,000,000	804,263.04	=D19/(1+$B$3)^A19		
20	12	67	0	1,000,000				
21	13	68	0	1,000,000				
22	14	69	0	1,000,000				
23	15	70	0	1,000,000				
24								

　このようにして入力したE19セルをコピーしてE23セルまで貼り付けても良いのですが、あまりおすすめしません。というのも、E列に入力されている数式が途中で変わると、表を作った本人は良いのですが、裁判官等の第三者には理解しにくいものになるからです。また、他にも収入の項目が増えたり、給与の500万円を70歳までもらえたり、などという事情が後で判明すると、いちいち参照させるセルを変なければならなくなり、面倒です。そこで、年金と現在価値の間にもう1つ列を加えて、各年の合計収入を算出する列を作ってしまおうと思います。

5.3　表に修正を加える方法　*103*

(表5.11)

	A	B	C	D	E	F	G	H
1								
2	給与	5,000,000						
3	金利	2.00%						
4	年金	1,000,000						
5								
6								
7	期間	年齢	給与	年金	合計	現在価値		
8	0	55	5,000,000	0	=sum(C8:D8)	5,000,000.00	=C8/(1+$B$3)^A8	
9	1	56	5,000,000	0		4,901,960.78	=C9/(1+$B$3)^A9	
10	2	57	5,000,000	0		4,805,843.91		
11	3	58	5,000,000	0		4,711,611.67		
12	4	59	5,000,000	0		4,619,227.13		
13	5	60	5,000,000	0		4,528,654.05		
14	6	61	5,000,000	0		4,439,856.91		
15	7	62	5,000,000	0		4,352,800.89		
16	8	63	5,000,000	0		4,267,451.86		
17	9	64	5,000,000	0		4,183,776.33		

　E8セルには、C8セルとD8セルの合計が表示されるようにします。ここではエクセルの「Sum関数」を使って計算しています。次にE8セルをコピーして、E23セルまで貼り付けます。

104 第5章 逸失利益の計算（架空の死亡事案）

（表5.12）

	A	B	C	D	E	F	G	H	I
1									
2	給与	5,000,000							
3	金利	2.00%							
4	年金	1,000,000							
5									
6									
7	期間	年齢	給与	年金	合計	現在価値			
8	0	55	5,000,000	0	5,000,000	5,000,000.00	=C8/(1+$B$3)^A8		
9	1	56	5,000,000	0	5,000,000	4,901,960.78	=C9/(1+$B$3)^A9		
10	2	57	5,000,000	0	5,000,000	4,805,843.91			
11	3	58	5,000,000	0	5,000,000	4,711,611.67			
12	4	59	5,000,000	0	5,000,000	4,619,227.13			
13	5	60	5,000,000	0	5,000,000	4,528,654.05			
14	6	61	5,000,000	0	5,000,000	4,439,856.91			
15	7	62	5,000,000	0	5,000,000	4,352,800.89			
16	8	63	5,000,000	0	5,000,000	4,267,451.86			
17	9	64	5,000,000	0	5,000,000	4,183,776.33			
18	10	65	5,000,000	0	5,000,000	4,101,741.50			
19	11	66	0	1,000,000	1,000,000	804,263.04	=D19/(1+$B$3)^A19		
20	12	67	0	1,000,000	1,000,000				
21	13	68	0	1,000,000	1,000,000				
22	14	69	0	1,000,000	1,000,000				
23	15	70	0	1,000,000	1,000,000				

　このままでは現在価値を計算しているF列の入力内容が変わっていませんので、現在価値の計算式にも修正を加えます。F8セルの参照先を「C8」から「E8」に修正します。

（表5.13）

	A	B	C	D	E	F	G	H
1								
2	給与	5,000,000						
3	金利	2.00%						
4	年金	1,000,000						
5								
6								
7	期間	年齢	給与	年金	合計	現在価値		
8	0	55	5,000,000	0	5,000,000	=E8/(1+$B$3)^A8		B$3)^A8
9	1	56	5,000,000	0	5,000,000	4,901,960.78	=C9/(1+$B$3)^A9	
10	2	57	5,000,000	0	5,000,000	4,805,843.91		
11	3	58	5,000,000	0	5,000,000	4,711,611.67		
12	4	59	5,000,000	0	5,000,000	4,619,227.13		
13	5	60	5,000,000	0	5,000,000	4,528,654.05		
14	6	61	5,000,000	0	5,000,000	4,439,856.91		

5.3 表に修正を加える方法　*105*

　このようにして修正したＦ８セルをコピーして、F23セルまで貼り付け、合計欄を作れば完了です。以下のような表（**表5.14**）が完成したはずです（G列にはＦ列に入力してある数式を参考として示しています）。

(表5.14)

	A	B	C	D	E	F	G	H	I
2	給与	5,000,000							
3	金利	2.00%							
4	年金	1,000,000							
5									
6									
7	期間	年齢	給与	年金	合計	現在価値			
8	0	55	5,000,000	0	5,000,000	5,000,000.00	=E8/(1+$B$3)^A8		
9	1	56	5,000,000	0	5,000,000	4,901,960.78	=E9/(1+$B$3)^A9		
10	2	57	5,000,000	0	5,000,000	4,805,843.91			
11	3	58	5,000,000	0	5,000,000	4,711,611.67			
12	4	59	5,000,000	0	5,000,000	4,619,227.13			
13	5	60	5,000,000	0	5,000,000	4,528,654.05			
14	6	61	5,000,000	0	5,000,000	4,439,856.91			
15	7	62	5,000,000	0	5,000,000	4,352,800.89			
16	8	63	5,000,000	0	5,000,000	4,267,451.86			
17	9	64	5,000,000	0	5,000,000	4,183,776.33			
18	10	65	5,000,000	0	5,000,000	4,101,741.50			
19	11	66	0	1,000,000	1,000,000	804,263.04	=E19/(1+$B$3)^A19		
20	12	67	0	1,000,000	1,000,000	788,493.18			
21	13	68	0	1,000,000	1,000,000	773,032.53			
22	14	69	0	1,000,000	1,000,000	757,875.02			
23	15	70	0	1,000,000	1,000,000	743,014.73			
24	合計		55,000,000	5,000,000	60,000,000	53,779,604			
25									

106　第５章　逸失利益の計算（架空の死亡事案）

　ここまでで具体的な計算は完了です。

　この表では金利を２％に変更したまま計算してしまいましたが、金利を変えるのは一瞬です。今度は３％にしてみましょう。

（表5.15）

	A	B	C	D	E	F	G	H	I
2	給与	5,000,000							
3	金利	3.00%							
4	年金	1,000,000							
5									
6									
7	期間	年齢	給与	年金	合計	現在価値			
8	0	55	5,000,000	0	5,000,000	5,000,000.00	=E8/(1+$B$3)^A8		
9	1	56	5,000,000	0	5,000,000	4,854,368.93	=E9/(1+$B$3)^A9		
10	2	57	5,000,000	0	5,000,000	4,712,979.55			
11	3	58	5,000,000	0	5,000,000	4,575,708.30			
12	4	59	5,000,000	0	5,000,000	4,442,435.24			
13	5	60	5,000,000	0	5,000,000	4,313,043.92			
14	6	61	5,000,000	0	5,000,000	4,187,421.28			
15	7	62	5,000,000	0	5,000,000	4,065,457.56			
16	8	63	5,000,000	0	5,000,000	3,947,046.17			
17	9	64	5,000,000	0	5,000,000	3,832,083.66			
18	10	65	5,000,000	0	5,000,000	3,720,469.57			
19	11	66	0	1,000,000	1,000,000	722,421.28	=E19/(1+$B$3)^A19		
20	12	67	0	1,000,000	1,000,000	701,379.88			
21	13	68	0	1,000,000	1,000,000	680,951.34			
22	14	69	0	1,000,000	1,000,000	661,117.81			
23	15	70	0	1,000,000	1,000,000	641,861.95			
24	合計		55,000,000	5,000,000	60,000,000	51,058,746			
25									

　さらに、もし、66歳から70歳まで再雇用により、200万円の給与がもらえるとしたらどのようにすれば良いのでしょう。給与欄に「2,000,000」と入れても良いですし、あらたな列を作って入力しても良いです。ここまで自分の手で入力してきた皆さんでしたら、簡単にできるはずです。

5.3.2　受給開始年や受給終了年を修正する方法

　これまでは55歳の収入を今すぐにもらえることにしましたが、受給開始を修正することにも簡単にできます。例えば、全ての収入を１年後ろにずらすとします。その時は55歳の給与を56歳になった時に受領することになります。56歳

5.3　表に修正を加える方法　*107*

の給与は57歳になった時、66歳の年金は67歳になった時にもらうということに
なります。最後の年金も71歳になった時にもらうということになります。この
ような表に修正してみましょう。まずは、24行目を右クリックし、挿入をク
リックして、1行加えます（**表5.16**参照）。

（表5.16）

	期間	年齢	給与	年金	合計	現在価値	
7	期間	年齢	給与	年金	合計	現在価値	
8	0	55	5,000,000	0	5,000,000	5,000,000.00	=E8/(1+$B$3)^A8
9	1	56	5,000,000	0	5,000,000	4,854,368.93	=E9/(1+$B$3)^A9
10	2	57	5,000,000	0	5,000,000	4,712,979.55	
11	3	58	5,000,000	0	5,000,000	4,575,708.30	
1			5,000,000	0	5,000,000	4,442,435.24	
1			5,000,000	0	5,000,000	4,313,043.92	
1			5,000,000	0	5,000,000	4,187,421.28	
1			5,000,000	0	5,000,000	4,065,457.56	
1			5,000,000	0	5,000,000	3,947,046.17	
1			5,000,000	0	5,000,000	3,832,083.66	
1			5,000,000	0	5,000,000	3,720,469.57	
1			0	1,000,000	1,000,000	722,421.28	=E19/(1+$B$3)^A19
2			0	1,000,000	1,000,000	701,379.88	
2			0	1,000,000	1,000,000	680,951.34	
2			0	1,000,000	1,000,000	661,117.81	
2			0	1,000,000	1,000,000	641,861.95	
24	合計		55,000,000	5,000,000	60,000,000	51,058,746	

次に、A23セルからF23セルをまとめて選択してコピーをします（**表5.17**
参照）。それを、A24セルからF24セルに貼り付けます。

108 第５章　逸失利益の計算（架空の死亡事案）

（表5. 17）

	A	B	C	D	E	F	G	H	I
18	10	65	5,000,000	0	5,000,000	3,720,469.57			
19	11	66	0	1,000,000	1,000,000	722,421.28	=E19/(1+$B$3)^A19		
20	12	67	0	1,000,000	1,000,000	701,379.88			
21	13	68	0	1,000,000	1,000,000	680,951.34			
22	14	69	0	1,000,000	1,000,000	661,117.81			
23	15	70	0	1,000,000	1,000,000	641,861.95			
24									
25	計		55,000,000	5,000,000	60,000,000	51,058,746			
26									
27									
28									

貼り付け後の表が以下の表です（**表5. 18**）。

（表5. 18）

	A	B	C	D	E	F	G	H	I
16	8	63	5,000,000	0	5,000,000	3,947,046.17			
17	9	64	5,000,000	0	5,000,000	3,832,083.66			
18	10	65	5,000,000	0	5,000,000	3,720,469.57			
19	11	66	0	1,000,000	1,000,000	722,421.28	=E19/(1+$B$3)^A19		
20	12	67	0	1,000,000	1,000,000	701,379.88			
21	13	68	0	1,000,000	1,000,000	680,951.34			
22	14	69	0	1,000,000	1,000,000	661,117.81			
23	15	70	0	1,000,000	1,000,000	641,861.95			
24	16	71	0	1,000,000	1,000,000	623,166.94			
25	合計		55,000,000	5,000,000	60,000,000	51,058,746			
26									

　次に給与と年金をもらうタイミングが従前のままなので、１期間ずらします。Ｃ８セルとＤ19セルに「０」を入力し、Ｃ19セルはＣ18セルをコピーして貼り付けます。また、次の**表5. 19**のようにＣ25セルからＦ25セルの参照先（合計を計算する際の参照先）も変わったままです。

5.3 表に修正を加える方法 *109*

(表5.19)

	A	B	C	D	E	F	G	H	I
1									
2	給与	5,000,000							
3	金利	3.00%							
4	年金	1,000,000							
5									
6									
7	期間	年齢	給与	年金	合計	現在価値			
8	0	55	0	0	0	0.00	=E8/(1+$B$3)^A8		
9	1	56	5,000,000	0	5,000,000	4,854,368.93	=E9/(1+$B$3)^A9		
10	2	57	5,000,000	0	5,000,000	4,712,979.55			
11	3	58	5,000,000	0	5,000,000	4,575,708.30			
12	4	59	5,000,000	0	5,000,000	4,442,435.24			
13	5	60	5,000,000	0	5,000,000	4,313,043.92			
14	6	61	5,000,000	0	5,000,000	4,187,421.28			
15	7	62	5,000,000	0	5,000,000	4,065,457.56			
16	8	63	5,000,000	0	5,000,000	3,947,046.17			
17	9	64	5,000,000	0	5,000,000	3,832,083.66			
18	10	65	5,000,000	0	5,000,000	3,720,469.57			
19	11	66	5,000,000	0	5,000,000	3,612,106.38	=E19/(1+$B$3)^A19		
20	12	67	0	1,000,000	1,000,000	701,379.88			
21	13	68	0	1,000,000	1,000,000	680,951.34			
22	14	69	0	1,000,000	1,000,000	661,117.81			
23	15	70	0	1,000,000	1,000,000	641,861.95			
24	16	71	0	1,000,000	1,000,000	623,166.94			
25	合計		55,000,000	4,000,000	59,000,000	=SUM(F8:F23)			
26									
27									

　合計欄も、きちんと全期間を参照するように修正しましょう。

110 第5章 逸失利益の計算（架空の死亡事案）

（表5.20）

	A	B	C	D	E	F	G	H	I
1									
2	給与	5,000,000							
3	金利	3.00%							
4	年金	1,000,000							
5									
6									
7	期間	年齢	給与	年金	合計	現在価値			
8	0	55	0	0	0	0.00	=E8/(1+$B$3)^A8		
9	1	56	5,000,000	0	5,000,000	4,854,368.93	=E9/(1+$B$3)^A9		
10	2	57	5,000,000	0	5,000,000	4,712,979.55			
11	3	58	5,000,000	0	5,000,000	4,575,708.30			
12	4	59	5,000,000	0	5,000,000	4,442,435.24			
13	5	60	5,000,000	0	5,000,000	4,313,043.92			
14	6	61	5,000,000	0	5,000,000	4,187,421.28			
15	7	62	5,000,000	0	5,000,000	4,065,457.56			
16	8	63	5,000,000	0	5,000,000	3,947,046.17			
17	9	64	5,000,000	0	5,000,000	3,832,083.66			
18	10	65	5,000,000	0	5,000,000	3,720,469.57			
19	11	66	5,000,000	0	5,000,000	3,612,106.38	=E19/(1+$B$3)^A19		
20	12	67	0	1,000,000	1,000,000	701,379.88			
21	13	68	0	1,000,000	1,000,000	680,951.34			
22	14	69	0	1,000,000	1,000,000	661,117.81			
23	15	70	0	1,000,000	1,000,000	641,861.95			
24	16	71	0	1,000,000	1,000,000	623,166.94			
25	合計		55,000,000	5,000,000	60,000,000	=SUM(F8:F24)			
26									
27									

5.3 表に修正を加える方法 111

以下のような表になれば完成です。

（表5.21）

	A	B	C	D	E	F	G	H	I
1									
2	給与	5,000,000							
3	金利	3.00%							
4	年金	1,000,000							
5									
6									
7	期間	年齢	給与	年金	合計	現在価値			
8	0	55	0	0	0	0.00	=E8/(1+$B$3)^A8		
9	1	56	5,000,000	0	5,000,000	4,854,368.93	=E9/(1+$B$3)^A9		
10	2	57	5,000,000	0	5,000,000	4,712,979.55			
11	3	58	5,000,000	0	5,000,000	4,575,708.30			
12	4	59	5,000,000	0	5,000,000	4,442,435.24			
13	5	60	5,000,000	0	5,000,000	4,313,043.92			
14	6	61	5,000,000	0	5,000,000	4,187,421.28			
15	7	62	5,000,000	0	5,000,000	4,065,457.56			
16	8	63	5,000,000	0	5,000,000	3,947,046.17			
17	9	64	5,000,000	0	5,000,000	3,832,083.66			
18	10	65	5,000,000	0	5,000,000	3,720,469.57			
19	11	66	5,000,000	0	5,000,000	3,612,106.38	=E19/(1+$B$3)^A19		
20	12	67	0	1,000,000	1,000,000	701,379.88			
21	13	68	0	1,000,000	1,000,000	680,951.34			
22	14	69	0	1,000,000	1,000,000	661,117.81			
23	15	70	0	1,000,000	1,000,000	641,861.95			
24	16	71	0	1,000,000	1,000,000	623,166.94			
25	合計		55,000,000	5,000,000	60,000,000	49,571,598			
26									

112　第５章　逸失利益の計算（架空の死亡事案）

5.4　生活費控除を表に反映させる方法

　ここまでは収入として入ってくるものだけを考えていましたが、生活費として出ていく分、生活費控除について考えていませんでした。そこで、次は生活費控除をこれまでの表に入れてみましょう。

　生活費控除割合を30％として計算してみようと思いますが、この割合も後で変更する可能性もありますので、どこかのセルに入力してそのセルを参照させると良いでしょう。「合計」と「現在価値」の間に２列加えて、生活費として控除される金額と、生活費控除をした後の金額を入力してみましょう。列を挿入する方法は前にも示しましたのでここでは省略します（**表5.22**参照）。

（表5.22）

	A	B	C	D	E	F	G	H	I	J	K
1											
2	給与	5,000,000									
3	金利	3.00%									
4	年金	1,000,000									
5	生活費控除割合	30.00%									
6											
7	期間	年齢	給与	年金	合計	生活費控除	控除後の金額	現在価値			
8	0	55	0	0	0	=E8*$B$5		0.00	=E8/(1+$B$3)^A8		
9	1	56	5,000,000	0	5,000,000			4,854,368.93	=E9/(1+$B$3)^A9		
10	2	57	5,000,000	0	5,000,000			4,712,979.55			
11	3	58	5,000,000	0	5,000,000			4,575,708.30			
12	4	59	5,000,000	0	5,000,000			4,442,435.24			
13	5	60	5,000,000	0	5,000,000			4,313,043.92			
14	6	61	5,000,000	0	5,000,000			4,187,421.28			
15	7	62	5,000,000	0	5,000,000			4,065,457.56			
16	8	63	5,000,000	0	5,000,000			3,947,046.17			
17	9	64	5,000,000	0	5,000,000			3,832,083.66			
18	10	65	5,000,000	0	5,000,000			3,720,469.57			
19	11	66	5,000,000	0	5,000,000			3,612,106.38	=E19/(1+$B$3)^A19		
20	12	67	0	1,000,000	1,000,000			701,379.88			
21	13	68	0	1,000,000	1,000,000			680,951.34			
22	14	69	0	1,000,000	1,000,000			661,117.81			
23	15	70	0	1,000,000	1,000,000			641,861.95			
24	16	71	0	1,000,000	1,000,000			623,166.94			
25	合計		55,000,000	5,000,000	60,000,000			49,571,598			
26											
27											

　Ｂ５セルに生活控除割合として「30％」と入力します。Ｆ列に生活費として控除される金額を入力します。生活費として控除される金額は、「合計収入×

5.4 生活費控除を表に反映させる方法　113

生活費控除割合」ですので、そのように入力します。ここではＦ８セルに
「=E8*$B$5」と入力しています。このＦ８セルをコピーしてF24セルまで張り
付ければ完成ですが、その前にＧ列に合計収入から生活費を控除した後の金
額を入力します。さらにＨ列の現在価値を計算する列で参照するセルをＥ列
からＧ列に修正してしまいます。なぜこのように１つの行を先に作ってしま
うかというと、その方が、Ｆ８セルからＨ８セルまでをまとめてコピーして、
F24セルからH24セルまで一気に貼り付けることができるからです。ではそこ
までを一気にやってみます。Ｇ８セルには合計収入から生活費控除金額を引い
た値を入力しますので、「=E8-F8」と入力し、Ｈ８セルに入力されている
「=E8/(1+$B$3)^A8」のうち、「Ｅ８」を「Ｇ８」に修正します。

(表5.23)

	A	B	C	D	E	F	G	H	I	J
1										
2	給与	5,000,000								
3	金利	3.00%								
4	年金	1,000,000								
5	生活費控除割合	30.00%								
6										
7	期間	年齢	給与	年金	合計	生活費控除	控除後の金額	現在価値		
8	0	55	0	0	0	0	0	0.00	=G8/(1+$B$3)^A8	
9	1	56	5,000,000	0	5,000,000			4,854,368.93	=?/(1+$B$3)^A9	
10	2	57	5,000,000	0	5,000,000			4,712,979.55		
11	3	58	5,000,000	0	5,000,000			4,575,708.30		
12	4	59	5,000,000	0	5,000,000			4,442,435.24		
13	5	60	5,000,000	0	5,000,000			4,313,043.92		
14	6	61	5,000,000	0	5,000,000			4,187,421.28		
15	7	62	5,000,000	0	5,000,000			4,065,457.56		
16	8	63	5,000,000	0	5,000,000			3,947,046.17		
17	9	64	5,000,000	0	5,000,000			3,832,083.66		
18	10	65	5,000,000	0	5,000,000			3,720,469.57		
19	11	66	5,000,000	0	5,000,000			3,612,106.38	=E19/(1+$B$3)^A19	
20	12	67	0	1,000,000	1,000,000			701,379.88		
21	13	68	0	1,000,000	1,000,000			680,951.34		
22	14	69	0	1,000,000	1,000,000			661,117.81		
23	15	70	0	1,000,000	1,000,000			641,861.95		
24	16	71	0	1,000,000	1,000,000			623,166.94		
25	合計		55,000,000	5,000,000	60,000,000			49,571,598		
26										

　入力が終わったら、Ｆ８セルからＨ８セルをまとめて選択してコピーをしま
す（**表5.23**参照）。そして、F24セルからH24セルまで貼り付けます。さらに
合計欄も入力すれば以下のような表が出来上がります（**表5.24**）。

114 第５章　逸失利益の計算（架空の死亡事案）

（表5.24）

	A	B	C	D	E	F	G	H	I	J
1										
2	給与	5,000,000								
3	金利	3.00%								
4	年金	1,000,000								
5	生活費控除割合	30.00%								
6										
7	期間	年齢	給与	年金	合計	生活費控除	控除後の金額	現在価値		
8	0	55	0	0	0	0	0	0.00	=G8/(1+$B$3)^A8	
9	1	56	5,000,000	0	5,000,000	1,500,000	3,500,000	3,398,058.25	=G9/(1+$B$3)^A9	
10	2	57	5,000,000	0	5,000,000	1,500,000	3,500,000	3,299,085.68		
11	3	58	5,000,000	0	5,000,000	1,500,000	3,500,000	3,202,995.81		
12	4	59	5,000,000	0	5,000,000	1,500,000	3,500,000	3,109,704.67		
13	5	60	5,000,000	0	5,000,000	1,500,000	3,500,000	3,019,130.75		
14	6	61	5,000,000	0	5,000,000	1,500,000	3,500,000	2,931,194.90		
15	7	62	5,000,000	0	5,000,000	1,500,000	3,500,000	2,845,820.29		
16	8	63	5,000,000	0	5,000,000	1,500,000	3,500,000	2,762,932.32		
17	9	64	5,000,000	0	5,000,000	1,500,000	3,500,000	2,682,458.56		
18	10	65	5,000,000	0	5,000,000	1,500,000	3,500,000	2,604,328.70		
19	11	66	5,000,000	0	5,000,000	1,500,000	3,500,000	2,528,474.47	=G19/(1+$B$3)^A19	
20	12	67	0	1,000,000	1,000,000	300,000	700,000	490,965.92		
21	13	68	0	1,000,000	1,000,000	300,000	700,000	476,665.94		
22	14	69	0	1,000,000	1,000,000	300,000	700,000	462,782.46		
23	15	70	0	1,000,000	1,000,000	300,000	700,000	449,303.36		
24	16	71	0	1,000,000	1,000,000	300,000	700,000	436,216.86		
25	合計		55,000,000	5,000,000	60,000,000	18,000,000	42,000,000	34,700,119		
26										

　なお、Ⅰ列の表示も、参照先を変えたので、それに伴い修正しています。実際にⅠ列に表示されている内容を、Ｈ列に入力できているか確認してみて下さい。

　本章では、架空の死を事案をもとに逸失利益の計算（中間利息控除の計算）を行いました。本当にこのやり方で正しく計算ができているのでしょうか。それを検証するために、次の章では赤い本の計算例を再現してみようと思います。

第6章

逸失利益の計算

～赤い本の計算例を再現～

6.1 はじめに

　第5章では死亡逸失利益の計算方法について架空の例を用いて説明しましたが、この計算方法が本当に正しいのでしょうか。疑い深い読者のために、赤い本に示されている具体例を再現して、同じ値になるか確認してみようと思います。赤い本では「基礎収入額×(1－生活費控除率)×就労可能年数に対応するライプニッツ係数」という算定式に基づいて計算しますが、本当にエクセルで計算しても同じ結果になるのでしょうか。それを確認して行こうと思います。また、本章の最後では、赤い本の計算例について、金利を3%にした計算結果も示しておこうと思います。

6.2　死亡逸失利益の例

6.2.1　「①有職者または就労可能者」の例

6.2.1.1　赤い本の計算式と計算結果

　赤い本では、「①有職者または就労可能者」の場合の算定式は次のように示されています。

　　　［現実年収額または学歴計あるいは学歴別の男女別平均賃金×（1－生活費
　　　控除率）×67歳までのライプニッツ係数＝逸失利益現価］

　その具体例として、年齢30歳の主婦の死亡逸失利益の例が示されています。この例では、被害者の事故時の年齢が30歳、1年間に受給できた金額は3,762,300円、生活費控除率を30％として、逸失利益の額を計算しており、次のような計算結果が示されています。

　計算結果：3,762,300×（1－0.3）×16.7113＝44,011,046

　ここで示されている「16.7113」という数値がライプニッツ係数（年金原価表）で、労働能力期間37年に対応する係数になります。

6.2.1.2　エクセルによる再現

　このような赤い本の計算結果と同じ値になるか、これまでに作ってきた表を修正して計算してみましょう。まず、給与についてはB2セルに「3,762,300」と入力します。年金はありませんので、D列を削除しても良いですし、B4セルに「0」を入力しても良いです。ここではB4セルに「0」と入力してみます。年齢についてはB8セルに「30」と入力します。金利は「5％」とし、生活費控除割合には「30％」と入力します。これまで練習してきたように、67歳までの表を作って、合計欄を加えるとどのような表ができましたでしょうか。

118 第6章 逸失利益の計算〜赤い本の計算例を再現〜

以下のような表が出来上がれば完成です（**表6.1**参照）。

（表6.1）

	A	B	C	D	E	F	G	H	I
2	給与	3,762,300							
3	金利	5.00%							
4	年金	0							
5	生活費控除割合	30.00%							
6									
7	期間	年齢	給与	年金	合計	生活費控除	控除後の金額	現在価値	
8	0	30	0	0	0	0	0	0.00	
9	1	31	3,762,300	0	3,762,300	1,128,690	2,633,610	2,508,200.00	
10	2	32	3,762,300	0	3,762,300	1,128,690	2,633,610	2,388,761.90	
11	3	33	3,762,300	0	3,762,300	1,128,690	2,633,610	2,275,011.34	
12	4	34	3,762,300	0	3,762,300	1,128,690	2,633,610	2,166,677.46	
13	5	35	3,762,300	0	3,762,300	1,128,690	2,633,610	2,063,502.35	
14	6	36	3,762,300	0	3,762,300	1,128,690	2,633,610	1,965,240.33	
15	7	37	3,762,300	0	3,762,300	1,128,690	2,633,610	1,871,657.46	
16	8	38	3,762,300	0	3,762,300	1,128,690	2,633,610	1,782,530.91	
17	9	39	3,762,300	0	3,762,300	1,128,690	2,633,610	1,697,648.49	
18	10	40	3,762,300	0	3,762,300	1,128,690	2,633,610	1,616,808.08	
19	11	41	3,762,300	0	3,762,300	1,128,690	2,633,610	1,539,817.22	
20	12	42	3,762,300	0	3,762,300	1,128,690	2,633,610	1,466,492.59	
21	13	43	3,762,300	0	3,762,300	1,128,690	2,633,610	1,396,659.61	
22	14	44	3,762,300	0	3,762,300	1,128,690	2,633,610	1,330,152.01	
23	15	45	3,762,300	0	3,762,300	1,128,690	2,633,610	1,266,811.44	
24	16	46	3,762,300	0	3,762,300	1,128,690	2,633,610	1,206,487.09	
25	17	47	3,762,300	0	3,762,300	1,128,690	2,633,610	1,149,035.32	
26	18	48	3,762,300	0	3,762,300	1,128,690	2,633,610	1,094,319.35	
27	19	49	3,762,300	0	3,762,300	1,128,690	2,633,610	1,042,208.91	
28	20	50	3,762,300	0	3,762,300	1,128,690	2,633,610	992,579.91	
29	21	51	3,762,300	0	3,762,300	1,128,690	2,633,610	945,314.20	
30	22	52	3,762,300	0	3,762,300	1,128,690	2,633,610	900,299.24	
31	23	53	3,762,300	0	3,762,300	1,128,690	2,633,610	857,427.85	
32	24	54	3,762,300	0	3,762,300	1,128,690	2,633,610	816,597.95	
33	25	55	3,762,300	0	3,762,300	1,128,690	2,633,610	777,712.33	
34	26	56	3,762,300	0	3,762,300	1,128,690	2,633,610	740,678.41	
35	27	57	3,762,300	0	3,762,300	1,128,690	2,633,610	705,408.01	
36	28	58	3,762,300	0	3,762,300	1,128,690	2,633,610	671,817.15	
37	29	59	3,762,300	0	3,762,300	1,128,690	2,633,610	639,825.86	
38	30	60	3,762,300	0	3,762,300	1,128,690	2,633,610	609,357.96	
39	31	61	3,762,300	0	3,762,300	1,128,690	2,633,610	580,340.92	
40	32	62	3,762,300	0	3,762,300	1,128,690	2,633,610	552,705.63	
41	33	63	3,762,300	0	3,762,300	1,128,690	2,633,610	526,386.32	
42	34	64	3,762,300	0	3,762,300	1,128,690	2,633,610	501,320.30	
43	35	65	3,762,300	0	3,762,300	1,128,690	2,633,610	477,447.91	
44	36	66	3,762,300	0	3,762,300	1,128,690	2,633,610	454,712.29	
45	37	67	3,762,300	0	3,762,300	1,128,690	2,633,610	433,059.33	
46			139,205,100	0	139,205,100	41,761,530	97,443,570	44,011,013	

　さて、赤い本と同じ結果になったでしょうか。46行目に各項目の合計金額が入力されていますので、確認してみましょう。赤い本で算出された金額は「44,011,046円」でしたが、H46セルの合計欄を見ると「44,011,013」となってい

6.2 死亡逸失利益の例 *119*

ます。**表6.2**はH46セルを拡大したものです。いくら目を凝らしても赤い本
と同じ値ではありません。なぜそのような結果になるのでしょうか。エクセル
での計算方法が間違っているのでしょうか。

(表6.2)

	C	D	E	F	G	H	I
37	3,762,300	0	3,762,300	1,128,690	2,633,610	639,825.86	
38	3,762,300	0	3,762,300	1,128,690	2,633,610	609,357.96	
39	3,762,300	0	3,762,300	1,128,690	2,633,610	580,340.92	
40	3,762,300	0	3,762,300	1,128,690	2,633,610	552,705.63	
41	3,762,300	0	3,762,300	1,128,690	2,633,610	526,386.32	
42	3,762,300	0	3,762,300	1,128,690	2,633,610	501,320.30	
43	3,762,300	0	3,762,300	1,128,690	2,633,610	477,447.91	
44	3,762,300	0	3,762,300	1,128,690	2,633,610	454,712.29	
45	3,762,300	0	3,762,300	1,128,690	2,633,610	433,059.33	
46	139,205,100	0	139,205,100	41,761,530	97,443,570	44,011,013	
47							

　実はこのような結果になるんです。そのわけは、既に第4章で原価係数表や
年金原価係数表をエクセルで作成したときにも述べましたが、赤い本の係数表
の値にあります。赤い本に示されている原価係数は小数点8桁までしか表示さ
れていません。小数点9桁目以降は切り捨てられてしまっています。ところ
が、実際には原価係数自体は8桁以降にも小さな値ではありますが数が存在し
ます。エクセルでは小数点8桁以降の数値を切り捨てず、存在するものとして
計算をしますので、わずかではありますが、このような誤差が生じます。8桁
目以降が切り捨てられているということは、現在価値の計算の分母が小さくな
るということですから、赤い本の計算結果の方が、若干ですが、大きい値に
なっています。

　ちなみに、年金原価係数表には注釈に「2006年版までは、小数点以下5桁を
切り捨てた数値を掲載していたが、2007年版から四捨五入とした。数値が変更
されている箇所があるので注意されたい。」という記載があります。このよう
に、赤い本に記載されている原価係数と年金原価係数の値は正確な数値ではな

120 第6章 逸失利益の計算～赤い本の計算例を再現～

く、丸められた値になっています。

　これらの事情から本書で紹介したようなエクセルで計算した値と赤い本の値に違いが生じてしまいます。上記の赤い本の例では、その差は33円と、誤差の範囲内かもしれません。ですが、もし収入が多かった場合は誤差とは言えない金額になるかもしれません。どちらが正確な値なのかは聞くまでもありませんが、より正確性を求める賢明な法律家は、どちらの方法で計算すべきなのでしょうか。しかも、計算方法が格段に楽になるのに。

6.2.2 「②18歳未満の未就労者」の例

6.2.2.1 赤い本の計算結果

　もう１つ、赤い本の②18歳未満の未就労者の例も計算してみましょう。赤い本では年齢３歳の男子の死亡逸失利益の例が示されています。基礎収入を5,494,300円、生活費控除割合を50％として次のように計算しています。

　計算結果：5,494,300円×（1－0.5）×8.7394＝24,008,442円

　係数については次のように示されています。

　　67年－3年＝64年に対応するライプニッツ係数　19.1191

　　18年－3年＝15年に対応するライプニッツ係数　10.3797

　　19.1191－10.3797＝8.7394（3歳に適用するライプニッツ係数）

　このように、赤い本の計算方法では複数の係数を使います。そのため、対応する係数を探し出す手間が余計にかかります。そのため、こちらの事案の方が、係数表を使わずに計算すること便利さを体感できると思います。さっそく表を作ってみましょう。

6.2.2.2 エクセルによる再現

　エクセルでの計算結果は、赤い本の計算結果と同じにならないことは、先ほど説明した赤い本の係数が丸められた値であることを知れば何となく予想でき

6.2　死亡逸失利益の例　*121*

ますが、実際に再現をして確認してみましょう。

　これまで行ってきたように、給与の金額を「5,494,300」にして、生活費控除割合を「50%」にします。3歳の男児の例ですので、3歳から67歳までの表を作ります。その上で、3歳から18歳までの給与は「0」と入力します。C8セルに「0」と入力して、C23セルまでコピーをすれば良いので簡単です。次に、19歳から給与をもらいますので、C24セルに「=$B$2」と入力します。

(表6.3)

	A	B	C	D	E	F	G	H	I
1									
2	給与	5,494,300							
3	金利	5.00%							
4	年金	0							
5	生活費控除割合	50.00%							
6									
7	期間	年齢	給与	年金	合計	生活費控除	控除後の金額	現在価値	
8	0	3	0	0	0	0	0	0.00	
9	1	4	0	0	0	0	0	0.00	
10	2	5	0	0	0	0	0	0.00	
11	3	6	0	0	0	0	0	0.00	
12	4	7	0	0	0	0	0	0.00	
13	5	8	0	0	0	0	0	0.00	
14	6	9	0	0	0	0	0	0.00	
15	7	10	0	0	0	0	0	0.00	
16	8	11	0	0	0	0	0	0.00	
17	9	12	0	0	0	0	0	0.00	
18	10	13	0	0	0	0	0	0.00	
19	11	14	0	0	0	0	0	0.00	
20	12	15	0	0	0	0	0	0.00	
21	13	16	0	0	0	0	0	0.00	
22	14	17	0	0	0	0	0	0.00	
23	15	18	0	0	0	0	0	0.00	
24	16	19	5,494,300	0	5,494,300	2,747,150	2,747,150	1,258,501.07	
25	17	20	5,494,300	0	5,494,300	2,747,150	2,747,150	1,198,572.45	
26	18	21	5,494,300	0	5,494,300	2,747,150	2,747,150	1,141,497.57	
27	19	22	5,494,300	0	5,494,300	2,747,150	2,747,150	1,087,140.54	
28	20	23	5,494,300	0	5,494,300	2,747,150	2,747,150	1,035,371.94	

　C24セルをコピーしてC25セルからC72セルまで貼り付けます。これで19歳から67歳までの給与を入力できました。他の項目についても同じようにセルをコピーして、貼り付け、合計欄を作って入力してみると、どんな結果になるでしょう。**表6.4**を見て下さい。

122 第6章 逸失利益の計算〜赤い本の計算例を再現〜

（表6.4）

	A	B	C	D	E	F	G	H	I
48	40	43	5,494,300	0	5,494,300	2,747,150	2,747,150	390,220.80	
49	41	44	5,494,300	0	5,494,300	2,747,150	2,747,150	371,638.85	
50	42	45	5,494,300	0	5,494,300	2,747,150	2,747,150	353,941.77	
51	43	46	5,494,300	0	5,494,300	2,747,150	2,747,150	337,087.40	
52	44	47	5,494,300	0	5,494,300	2,747,150	2,747,150	321,035.61	
53	45	48	5,494,300	0	5,494,300	2,747,150	2,747,150	305,748.20	
54	46	49	5,494,300	0	5,494,300	2,747,150	2,747,150	291,188.77	
55	47	50	5,494,300	0	5,494,300	2,747,150	2,747,150	277,322.63	
56	48	51	5,494,300	0	5,494,300	2,747,150	2,747,150	264,116.79	
57	49	52	5,494,300	0	5,494,300	2,747,150	2,747,150	251,539.80	
58	50	53	5,494,300	0	5,494,300	2,747,150	2,747,150	239,561.72	
59	51	54	5,494,300	0	5,494,300	2,747,150	2,747,150	228,154.02	
60	52	55	5,494,300	0	5,494,300	2,747,150	2,747,150	217,289.54	
61	53	56	5,494,300	0	5,494,300	2,747,150	2,747,150	206,942.42	
62	54	57	5,494,300	0	5,494,300	2,747,150	2,747,150	197,088.02	
63	55	58	5,494,300	0	5,494,300	2,747,150	2,747,150	187,702.87	
64	56	59	5,494,300	0	5,494,300	2,747,150	2,747,150	178,764.64	
65	57	60	5,494,300	0	5,494,300	2,747,150	2,747,150	170,252.04	
66	58	61	5,494,300	0	5,494,300	2,747,150	2,747,150	162,144.80	
67	59	62	5,494,300	0	5,494,300	2,747,150	2,747,150	154,423.62	
68	60	63	5,494,300	0	5,494,300	2,747,150	2,747,150	147,070.11	
69	61	64	5,494,300	0	5,494,300	2,747,150	2,747,150	140,066.78	
70	62	65	5,494,300	0	5,494,300	2,747,150	2,747,150	133,396.93	
71	63	66	5,494,300	0	5,494,300	2,747,150	2,747,150	127,044.69	
72	64	67	5,494,300	0	5,494,300	2,747,150	2,747,150	120,994.95	
73			269,220,700	0	269,220,700	134,610,350	134,610,350	24,008,623	
74									
75									

　73行目に各項目の合計金額が示されています。現在価値の合計金額が入力されている H73セルを見てみましょう。「24,008,623」となりました。

（表6.5）

	A	B	C	D	E	F	G	H	I
67	59	62	5,494,300	0	5,494,300	2,747,150	2,747,150	154,423.62	
68	60	63	5,494,300	0	5,494,300	2,747,150	2,747,150	147,070.11	
69	61	64	5,494,300	0	5,494,300	2,747,150	2,747,150	140,066.78	
70	62	65	5,494,300	0	5,494,300	2,747,150	2,747,150	133,396.93	
71	63	66	5,494,300	0	5,494,300	2,747,150	2,747,150	127,044.69	
72	64	67	5,494,300	0	5,494,300	2,747,150	2,747,150	120,994.95	
73			269,220,700	0	269,220,700	134,610,350	134,610,350	24,008,623	
74									
75									

　案の定、赤い本での計算結果である「24,008,442円」とは若干の誤差が生じています。ちなみに、①の例だと赤い本の方が高額の計算結果になりましたが、②の例だと赤い本の方が低額になりますね。原価係数は小数点以下8桁ま

でであるのに、年金原価係数は小数点以下5桁目を四捨五入していることの影響でしょう。弁護士らしく、「原告の代理人なのか被告の代理人なのかで、より高くなる計算方法あるいは低くなる計算方法を選ぼう！」という考えも否定はしませんが、そこはより正確な計算方法を選んだ方がフェアな気がします。

124 第6章　逸失利益の計算〜赤い本の計算例を再現〜

6.3　後遺症逸失利益の例

6.3.1　後遺症逸失利益の計算方法

　ここまでは死亡事案を見てきましたが、傷害事案で後遺症が発生した場合、後遺症による逸失利益をどのように計算すれば良いでしょう。赤い本には次のような計算方法が示されています。

　　［基礎収入額×労働能力喪失率×労働能力喪失期間に対応するライプニッツ係数］

「労働能力喪失率」の部分が死亡事案ですと「１−生活費控除率」となっていましたが、そこが置き換わっただけですね。ですので基本的には、今まで行ってきた計算と同じように計算すれば良いことになります。

6.3.2　「①有職者または就労可能者」の例

6.3.2.1　赤い本の計算結果

　赤い本では、症状固定時の年齢が50歳で年収500万円の男性サラリーマンが傷害を負い後遺症により労働能力が35％低下した場合、以下のように計算するとの説明があります。

　計算結果：5,000,000円×0.35×11.2741＝19,729,675円

6.3.2.2　エクセルによる再現

　これと同じ値になるか、エクセルで表を作って再現してみましょう。先ほどの例で作った表を修正しても良いですし、新たに別の表を作っても構いません。

　ところで、赤い本によると「後遺症逸失利益の場合は死亡逸失利益の場合と

6.3 後遺症逸失利益の例 *125*

異なり、生活費を控除しないのが原則である。」ということなので、先ほどの死亡事案の表を修正する場合には、生活費控除の部分を労働能力喪失率に変えてしまいましょう。年金もないので削除してしまいましょう。不要な列は削除して必要な項目だけ残して、以下のような表を作ってみましょう（**表6.6**参照）。

　少しコメントすると、Ｃ７セルに「0」と入力し、Ｃ８セルに「=$B$2」と入力します。Ｃ８セルを入力したら、コピーしてＣ24セルまで貼り付けます。Ｄ７セルには「=C7×$B$4」と入力しコピーしてＤ24セルまで貼り付けます。Ｅ列では現在価値を計算しています。Ｃ８セルからＥ８セルまでの８行目のセルを入力して、まとめてコピーをして貼り付けても構いません。

126 第６章 逸失利益の計算〜赤い本の計算例を再現〜

(表6.6)

	A	B	C	D	E	F
1						
2	給与	5,000,000				
3	金利	5.00%				
4	労働能力喪失率	35.00%				
5						
6	期間	年齢	給与	喪失した金額	現在価値	
7	0	50	0	0	0.00	
8	1	51	5,000,000	1,750,000	1,666,666.67	
9	2	52	5,000,000	1,750,000	1,587,301.59	
10	3	53	5,000,000	1,750,000	1,511,715.80	
11	4	54	5,000,000	1,750,000	1,439,729.33	
12	5	55	5,000,000	1,750,000	1,371,170.79	
13	6	56	5,000,000	1,750,000	1,305,876.94	
14	7	57	5,000,000	1,750,000	1,243,692.33	
15	8	58	5,000,000	1,750,000	1,184,468.88	
16	9	59	5,000,000	1,750,000	1,128,065.60	
17	10	60	5,000,000	1,750,000	1,074,348.19	
18	11	61	5,000,000	1,750,000	1,023,188.76	
19	12	62	5,000,000	1,750,000	974,465.48	
20	13	63	5,000,000	1,750,000	928,062.36	
21	14	64	5,000,000	1,750,000	883,868.92	
22	15	65	5,000,000	1,750,000	841,779.92	
23	16	66	5,000,000	1,750,000	801,695.16	
24	17	67	5,000,000	1,750,000	763,519.20	
25			85,000,000	29,750,000	19,729,616	
26						
27						

　如何でしょうか。赤い本とは例によって係数の切り捨てたことによる誤差が
ありますが、ほぼ同じ数値になりました。

6.3.3 「②18歳（症状固定時）未満の未就労者」の例

6.3.3.1 赤い本の計算結果

　もう 1 つの赤い本に計算例②18歳（症状固定時）未満の未就労者についても表を作ってみましょう。まずは赤い本ではどうやって計算しているのか計算式から確認しましょう。

　　［基礎収入額×労働能力喪失率×（67歳までのライプニッツ係数－18歳に達
　　するまでのライプニッツ係数）］

　具体例として、10歳の男子が傷害を負い後遺症により労働能力が35％低下した場合が計算してあります。計算結果は次のとおりです。

　計算結果：5,494,300円×0.35×12.2978＝23,647,769円

　係数については、以下のような説明があります。

　　67年－10年＝57年に対応するライプニッツ係数　18.7605

　　18年－10年＝8年に対応するライプニッツ係数　6.4632

　　18.7605－6.4632＝12.2973

6.3.3.2 エクセルによる再現

　さて、この例についても、エクセルで表を作ってみましょう。10歳から67歳までの表を作ります。そして、10歳から18歳までは給与として「0」を入力します。19歳以降に発生する給与についてはＢ２セルを参照させます。具体的には、C16セルに「＝$B$2」と入力して、これをコピーして67歳になるまで貼り付けます。

128 第6章 逸失利益の計算〜赤い本の計算例を再現〜

(表6.7)

	A	B	C	D	E	F
1						
2	給与	5,494,300				
3	金利	5.00%				
4	労働能力喪失率	35.00%				
5						
6	期間	年齢	給与	喪失した金額	現在価値	
7	0	10	0	0	0.00	
8	1	11	0	0	0.00	
9	2	12	0	0	0.00	
10	3	13	0	0	0.00	
11	4	14	0	0	0.00	
12	5	15	0	0	0.00	
13	6	16	0	0	0.00	
14	7	17	0	0	0.00	
15	8	18	0	0	0.00	
16	9	19	5,494,300	1,923,005	1,239,586.17	
17	10	20	5,494,300	1,923,005	1,180,558.26	
18	11	21	5,494,300	1,923,005	1,124,341.20	
19	12	22	5,494,300	1,923,005	1,070,801.14	
20	13	23	5,494,300	1,923,005	1,019,810.61	
21	14	24	5,494,300	1,923,005	971,248.20	
22	15	25	5,494,300	1,923,005	924,998.28	
23	16	26	5,494,300	1,923,005	880,950.75	
24	17	27	5,494,300	1,923,005	839,000.71	
25	18	28	5,494,300	1,923,005	799,048.30	
26	19	29	5,494,300	1,923,005	760,998.38	
27	20	30	5,494,300	1,923,005	724,760.36	
28	21	31	5,494,300	1,923,005	690,247.96	

67歳までの表にすると、以下のような結果になります（**表6.8**参照）。紙面の関係で全ての表を載せていませんが、きちんと32歳から41歳まで計算されていますのでご安心ください。

6.3 後遺症逸失利益の例　*129*

(表6.8)

	A	B	C	D	E	F
39	32	42	5,494,300	1,923,005	403,573.69	
40	33	43	5,494,300	1,923,005	384,355.89	
41	34	44	5,494,300	1,923,005	366,053.23	
42	35	45	5,494,300	1,923,005	348,622.13	
43	36	46	5,494,300	1,923,005	332,021.07	
44	37	47	5,494,300	1,923,005	316,210.54	
45	38	48	5,494,300	1,923,005	301,152.90	
46	39	49	5,494,300	1,923,005	286,812.29	
47	40	50	5,494,300	1,923,005	273,154.56	
48	41	51	5,494,300	1,923,005	260,147.20	
49	42	52	5,494,300	1,923,005	247,759.24	
50	43	53	5,494,300	1,923,005	235,961.18	
51	44	54	5,494,300	1,923,005	224,724.93	
52	45	55	5,494,300	1,923,005	214,023.74	
53	46	56	5,494,300	1,923,005	203,832.14	
54	47	57	5,494,300	1,923,005	194,125.84	
55	48	58	5,494,300	1,923,005	184,881.76	
56	49	59	5,494,300	1,923,005	176,077.86	
57	50	60	5,494,300	1,923,005	167,693.20	
58	51	61	5,494,300	1,923,005	159,707.81	
59	52	62	5,494,300	1,923,005	152,102.68	
60	53	63	5,494,300	1,923,005	144,859.69	
61	54	64	5,494,300	1,923,005	137,961.61	
62	55	65	5,494,300	1,923,005	131,392.01	
63	56	66	5,494,300	1,923,005	125,135.25	
64	57	67	5,494,300	1,923,005	119,176.43	
65			269,220,700	94,227,245	23,647,781	
66						

　どうでしょう、エクセルでの計算結果は「23,647,781」になりました。赤い本では「23,647,769」でしたので、近い値ですね。そういえば、死亡事案の計算でもそうでしたが、①は赤い本の計算結果の方が高くなり、②は赤い本の計算結果の方が低くなりますね。いずれにせよ、より正確に、より簡易に計算できる方が良いですよね。

　これで逸失利益の計算についてはほぼマスターできたと思います。赤い本の

係数表を使わずに、しかも簡単に、なおかつより正確に計算できた感想は如何でしょうか。

6.4 変動金利に対応させた計算結果

　そうそう、大事な指摘を忘れていました。もし、金利が5％でなくなったらどうすれば良いのでしょうか。もう簡単にできますよね。金利を入力しているセルの値を、5％から別の値に変えれば良いだけです。以下では、赤い本の4つの例について、金利を3％にして計算した表を示しておきます。

132 第6章 逸失利益の計算～赤い本の計算例を再現～

6.4.1 死亡逸失利益の例

6.4.1.1 「①有職者または就労可能者」の例

（表6.9）

	A	B	C	D	E	F	G
1		金利	受領額	生活費控除割合			
2		3.00%	3,762,300	30.00%			
3	期間	年齢	受領額	控除額	控除後	現在価値	
4	0	30	0	0	0	0.00	
5	1	31	3,762,300	1,128,690	2,633,610	2,556,902.91	
6	2	32	3,762,300	1,128,690	2,633,610	2,482,430.01	
7	3	33	3,762,300	1,128,690	2,633,610	2,410,126.23	
8	4	34	3,762,300	1,128,690	2,633,610	2,339,928.37	
9	5	35	3,762,300	1,128,690	2,633,610	2,271,775.12	
10	6	36	3,762,300	1,128,690	2,633,610	2,205,606.91	
11	7	37	3,762,300	1,128,690	2,633,610	2,141,365.94	
12	8	38	3,762,300	1,128,690	2,633,610	2,078,996.05	
13	9	39	3,762,300	1,128,690	2,633,610	2,018,442.77	
14	10	40	3,762,300	1,128,690	2,633,610	1,959,653.18	
15	11	41	3,762,300	1,128,690	2,633,610	1,902,575.90	
16	12	42	3,762,300	1,128,690	2,633,610	1,847,161.07	
17	13	43	3,762,300	1,128,690	2,633,610	1,793,360.26	
18	14	44	3,762,300	1,128,690	2,633,610	1,741,126.46	
19	15	45	3,762,300	1,128,690	2,633,610	1,690,414.04	
20	16	46	3,762,300	1,128,690	2,633,610	1,641,178.68	
21	17	47	3,762,300	1,128,690	2,633,610	1,593,377.36	
22	18	48	3,762,300	1,128,690	2,633,610	1,546,968.31	
23	19	49	3,762,300	1,128,690	2,633,610	1,501,910.98	
24	20	50	3,762,300	1,128,690	2,633,610	1,458,166.00	
25	21	51	3,762,300	1,128,690	2,633,610	1,415,695.15	
26	22	52	3,762,300	1,128,690	2,633,610	1,374,461.31	
27	23	53	3,762,300	1,128,690	2,633,610	1,334,428.46	
28	24	54	3,762,300	1,128,690	2,633,610	1,295,561.61	
29	25	55	3,762,300	1,128,690	2,633,610	1,257,826.80	
30	26	56	3,762,300	1,128,690	2,633,610	1,221,191.07	
31	27	57	3,762,300	1,128,690	2,633,610	1,185,622.40	
32	28	58	3,762,300	1,128,690	2,633,610	1,151,089.71	
33	29	59	3,762,300	1,128,690	2,633,610	1,117,562.82	
34	30	60	3,762,300	1,128,690	2,633,610	1,085,012.45	
35	31	61	3,762,300	1,128,690	2,633,610	1,053,410.15	
36	32	62	3,762,300	1,128,690	2,633,610	1,022,728.30	
37	33	63	3,762,300	1,128,690	2,633,610	992,940.09	
38	34	64	3,762,300	1,128,690	2,633,610	964,019.51	
39	35	65	3,762,300	1,128,690	2,633,610	935,941.27	
40	36	66	3,762,300	1,128,690	2,633,610	908,680.84	
41	37	67	3,762,300	1,128,690	2,633,610	882,214.41	
42			139,205,100	41,761,530	97,443,570	58,379,853	
43							

6.4.1.2 「②18歳未満の未就労者」の例

（表6.10）

	A	B	C	D	E	F
1		金利	受領額	生活費控除割合		
2		3.00%	5,494,300	50.00%		
3	期間	年齢	受領額	生活費控除	控除後の金額	現在価値
4	0	3	0	0	0	0.00
5	1	4	0	0	0	0.00
6	2	5	0	0	0	0.00
7	3	6	0	0	0	0.00
8	4	7	0	0	0	0.00
9	5	8	0	0	0	0.00
10	6	9	0	0	0	0.00
11	7	10	0	0	0	0.00
12	8	11	0	0	0	0.00
13	9	12	0	0	0	0.00
14	10	13	0	0	0	0.00
15	11	14	0	0	0	0.00
16	12	15	0	0	0	0.00
17	13	16	0	0	0	0.00
18	14	17	0	0	0	0.00
19	15	18	0	0	0	0.00
20	16	19	5,494,300	2,747,150	2,747,150	1,711,933.06
21	17	20	5,494,300	2,747,150	2,747,150	1,662,070.93
22	18	21	5,494,300	2,747,150	2,747,150	1,613,661.10
23	19	22	5,494,300	2,747,150	2,747,150	1,566,661.26
24	20	23	5,494,300	2,747,150	2,747,150	1,521,030.35
25	21	24	5,494,300	2,747,150	2,747,150	1,476,728.49
26	22	25	5,494,300	2,747,150	2,747,150	1,433,716.98
27	23	26	5,494,300	2,747,150	2,747,150	1,391,958.24
28	24	27	5,494,300	2,747,150	2,747,150	1,351,415.76
29	25	28	5,494,300	2,747,150	2,747,150	1,312,054.14
30	26	29	5,494,300	2,747,150	2,747,150	1,273,838.97
31	27	30	5,494,300	2,747,150	2,747,150	1,236,736.86
32	28	31	5,494,300	2,747,150	2,747,150	1,200,715.40
33	29	32	5,494,300	2,747,150	2,747,150	1,165,743.11
34	30	33	5,494,300	2,747,150	2,747,150	1,131,789.43
35	31	34	5,494,300	2,747,150	2,747,150	1,098,824.69
36	32	35	5,494,300	2,747,150	2,747,150	1,066,820.08
37	33	36	5,494,300	2,747,150	2,747,150	1,035,747.65
38	34	37	5,494,300	2,747,150	2,747,150	1,005,580.25
39	35	38	5,494,300	2,747,150	2,747,150	976,291.50
40	36	39	5,494,300	2,747,150	2,747,150	947,855.83

（表6.11）

	A	B	C	D	E	F
41	37	40	5,494,300	2,747,150	2,747,150	920,248.38
42	38	41	5,494,300	2,747,150	2,747,150	893,445.02
43	39	42	5,494,300	2,747,150	2,747,150	867,422.35
44	40	43	5,494,300	2,747,150	2,747,150	842,157.63
45	41	44	5,494,300	2,747,150	2,747,150	817,628.76
46	42	45	5,494,300	2,747,150	2,747,150	793,814.33
47	43	46	5,494,300	2,747,150	2,747,150	770,693.53
48	44	47	5,494,300	2,747,150	2,747,150	748,246.14
49	45	48	5,494,300	2,747,150	2,747,150	726,452.57
50	46	49	5,494,300	2,747,150	2,747,150	705,293.75
51	47	50	5,494,300	2,747,150	2,747,150	684,751.22
52	48	51	5,494,300	2,747,150	2,747,150	664,807.01
53	49	52	5,494,300	2,747,150	2,747,150	645,443.70
54	50	53	5,494,300	2,747,150	2,747,150	626,644.36
55	51	54	5,494,300	2,747,150	2,747,150	608,392.59
56	52	55	5,494,300	2,747,150	2,747,150	590,672.41
57	53	56	5,494,300	2,747,150	2,747,150	573,468.36
58	54	57	5,494,300	2,747,150	2,747,150	556,765.40
59	55	58	5,494,300	2,747,150	2,747,150	540,548.93
60	56	59	5,494,300	2,747,150	2,747,150	524,804.79
61	57	60	5,494,300	2,747,150	2,747,150	509,519.21
62	58	61	5,494,300	2,747,150	2,747,150	494,678.85
63	59	62	5,494,300	2,747,150	2,747,150	480,270.73
64	60	63	5,494,300	2,747,150	2,747,150	466,282.26
65	61	64	5,494,300	2,747,150	2,747,150	452,701.22
66	62	65	5,494,300	2,747,150	2,747,150	439,515.75
67	63	66	5,494,300	2,747,150	2,747,150	426,714.32
68	64	67	5,494,300	2,747,150	2,747,150	414,285.75
69			269,220,700	134,610,350	134,610,350	44,966,843

134 第6章 逸失利益の計算～赤い本の計算例を再現～

6.4.2 後遺症逸失利益の例

6.4.2.1 「①有職者または就労可能者」の例

（表6.11）

	A	B	C	D	E	F
1						
2	給与	5,000,000				
3	金利	3.00%				
4	労働能力喪失率	35.00%				
5						
6	期間	年齢	給与	喪失金額	現在価値	
7	0	50	0	0	0.00	
8	1	51	5,000,000	1,750,000	1,699,029.13	
9	2	52	5,000,000	1,750,000	1,649,542.84	
10	3	53	5,000,000	1,750,000	1,601,497.90	
11	4	54	5,000,000	1,750,000	1,554,852.33	
12	5	55	5,000,000	1,750,000	1,509,565.37	
13	6	56	5,000,000	1,750,000	1,465,597.45	
14	7	57	5,000,000	1,750,000	1,422,910.14	
15	8	58	5,000,000	1,750,000	1,381,466.16	
16	9	59	5,000,000	1,750,000	1,341,229.28	
17	10	60	5,000,000	1,750,000	1,302,164.35	
18	11	61	5,000,000	1,750,000	1,264,237.23	
19	12	62	5,000,000	1,750,000	1,227,414.79	
20	13	63	5,000,000	1,750,000	1,191,664.84	
21	14	64	5,000,000	1,750,000	1,156,956.16	
22	15	65	5,000,000	1,750,000	1,123,258.41	
23	16	66	5,000,000	1,750,000	1,090,542.14	
24	17	67	5,000,000	1,750,000	1,058,778.78	
25			85,000,000	29,750,000	23,040,707	
26						

6.4.2.2 「②18歳未満の未就労者」の例

　表の体裁を少し変えてみましたが、計算している内容は今までと変わりはありません。6行目に入力内容の説明を書き入れています。この表では、F列に原価係数を入力し、E列の喪失金額にF列の原価係数をかけることにより中間利息控除の計算をしています。

　原価係数を利用した計算ではありますが、赤い本の計算方法よりも格段に楽ですし、修正もしやすいのではないでしょうか。

（表6.12）

	A	B	C	D	E	F	G	H
1			金利	給与	労働能力喪失率			
2			3.00%	5,494,300	35.00%			
3								
4	①	②	③	④	⑤	⑥	⑦	
5	西暦	期間	年齢	給与	喪失金額	原価係数	現在価値	
6	元号だと変わるので西暦の方が良い？A8に「0」, A9に「=A8+1」と入力してコピペ	今から何年後の受給なのか。B8に「0」, B9に「=B8+1」と入力してコピペ	もし生きていたら何歳か。C8に「10」と入力C9に「=C8+1」と入力してコピペ	受給開始までは「0」、受給開始後は「=$D$3」と入力して受給終了までコピペ	=④給与×労働能力喪失率	=1/(1+金利)^期間	=⑤喪失金額×⑥原価係数	
7	2018	0	10	0	0	1.0000000000	0.00	
8	2019	1	11	0	0	0.9708737864	0.00	
9	2020	2	12	0	0	0.9425959091	0.00	
10	2021	3	13	0	0	0.9151416594	0.00	
11	2022	4	14	0	0	0.8884870479	0.00	
12	2023	5	15	0	0	0.8626087844	0.00	
13	2024	6	16	0	0	0.8374842567	0.00	
14	2025	7	17	0	0	0.8130915113	0.00	
15	2026	8	18	0	0	0.7894092343	0.00	
16	2027	9	19	5,494,300	1,923,005	0.7664167323	1,473,823.21	
17	2028	10	20	5,494,300	1,923,005	0.7440939149	1,430,896.32	
18	2029	11	21	5,494,300	1,923,005	0.7224212766	1,389,219.73	
19	2030	12	22	5,494,300	1,923,005	0.7013798802	1,348,757.02	
20	2031	13	23	5,494,300	1,923,005	0.6809513400	1,309,472.83	
21	2032	14	24	5,494,300	1,923,005	0.6611178058	1,271,332.85	
22	2033	15	25	5,494,300	1,923,005	0.6418619474	1,234,303.73	
23	2034	16	26	5,494,300	1,923,005	0.6231669392	1,198,353.14	

136 第6章 逸失利益の計算～赤い本の計算例を再現～

紙面の関係上、途中は省略しますが、最後まできちんと計算してあります。

(表6.13)

	A	B	C	D	E	F	G
48	2059	41	51	5,494,300	1,923,005	0.2976280008	572,340.13
49	2060	42	52	5,494,300	1,923,005	0.2889592240	555,670.03
50	2061	43	53	5,494,300	1,923,005	0.2805429360	539,485.47
51	2062	44	54	5,494,300	1,923,005	0.2723717825	523,772.30
52	2063	45	55	5,494,300	1,923,005	0.2644386238	508,516.80
53	2064	46	56	5,494,300	1,923,005	0.2567365279	493,705.63
54	2065	47	57	5,494,300	1,923,005	0.2492587650	479,325.85
55	2066	48	58	5,494,300	1,923,005	0.2419988009	465,364.90
56	2067	49	59	5,494,300	1,923,005	0.2349502922	451,810.59
57	2068	50	60	5,494,300	1,923,005	0.2281070798	438,651.05
58	2069	51	61	5,494,300	1,923,005	0.2214631843	425,874.81
59	2070	52	62	5,494,300	1,923,005	0.2150128003	413,470.69
60	2071	53	63	5,494,300	1,923,005	0.2087502915	401,427.85
61	2072	54	64	5,494,300	1,923,005	0.2026701859	389,735.78
62	2073	55	65	5,494,300	1,923,005	0.1967671708	378,384.25
63	2074	56	66	5,494,300	1,923,005	0.1910360882	367,363.35
64	2075	57	67	5,494,300	1,923,005	0.1854719303	356,663.45
65				269,220,700	94,227,245		38,712,482
66							

第7章

複数の収入がある場合や
給与の増額が
予定されている場合

7.1　はじめに

　第6章では、赤い本の計算例をエクセルで表を作成するという方法により再現しました。これらの例では収入が1つという前提での逸失利益の計算でしたが、現在、日本では、「働き方改革実行計画」（平成29年3月28日　働き方改革実現会議決定）を踏まえ、副業や兼業の普及促進が図られています。現状、どれほど副業や兼業が進んでいるのかは分かりません。ですが、今後発生する交通事故事案では、被害者の受給していた給与が、1社だけでなく、複数あるという事案も増えてくるのではないでしょうか。

　また、高年齢者の雇用確保のための諸制度により、それまでの給与額よりは低額になるかもしれませんが、一定期間、継続雇用や再雇用等による給与が受給できたはずである、という事案も増えてくることが予想されます。

　さらに、賃金規定上、昇格などにより、一定割合の給与の増額が予定されている場合あると思います。

　そこで、本章では、複数の給与が得られる場合や、給与の増額を反映させた逸失利益の計算方法について検討しようと思います。以下では、これらの計算方法について、まず死亡逸失利益の例を考え、その次に後遺症逸失利益の例を考えてみようと思います。

7.2 死亡逸失利益の例

7.2.1 複数の給与が支払われる場合

7.2.1.1 いずれの給与も同じ期間支払われ、金額も一定の場合

次のような死亡事案を考えてみようと思います。被害者の事故時の年齢が53歳、給与はＡ社から500万円、Ｂ社から50万円が支払われており、どちらとも65歳まで働くことができるとします。生活費控除率を40%とすると、逸失利益の額はどのように計算すれば良いでしょうか。

このケースでは、年間550万円を、54歳から65歳まで受給できたと考えれば良いので、赤い本に示されている方法と同じですが、エクセルで表を作成してみましょう。以下の**表7.1**では、Ｃ列とＤ列に、Ａ社給与とＢ社給与を別々に入力しています。毎年の受給できる合計給与は変わらないのに、なぜ、このように、Ａ社給与、Ｂ社給与という形で別の列に入力するかというと、後で検討するように、もしＡ社給与が毎年一定の割合で上昇することが予定されていたり、Ｂ社の給与が毎年一定額加算されることが予定されている場合などに、修正が容易だからです。

140 第７章　複数の収入がある場合や給与の増額が予定されている場合

（表7.1）

	A	B	C	D	E	F	G	H
1								
2	A社給与	5,000,000						
3	B社給与	500,000						
4	金利	5.00%						
5	生活費控除割合	40.00%						
6								
7	期間	年齢	A社給与	B社給与	合計	生活費控除	控除後の金額	現在価値
8	0	53	0	0	0	0	0	0.00
9	1	54	5,000,000	500,000	5,500,000	2,200,000	3,300,000	3,142,857.14
10	2	55	5,000,000	500,000	5,500,000	2,200,000	3,300,000	2,993,197.28
11	3	56	5,000,000	500,000	5,500,000	2,200,000	3,300,000	2,850,664.08
12	4	57	5,000,000	500,000	5,500,000	2,200,000	3,300,000	2,714,918.17
13	5	58	5,000,000	500,000	5,500,000	2,200,000	3,300,000	2,585,636.35
14	6	59	5,000,000	500,000	5,500,000	2,200,000	3,300,000	2,462,510.81
15	7	60	5,000,000	500,000	5,500,000	2,200,000	3,300,000	2,345,248.39
16	8	61	5,000,000	500,000	5,500,000	2,200,000	3,300,000	2,233,569.89
17	9	62	5,000,000	500,000	5,500,000	2,200,000	3,300,000	2,127,209.42
18	10	63	5,000,000	500,000	5,500,000	2,200,000	3,300,000	2,025,913.74
19	11	64	5,000,000	500,000	5,500,000	2,200,000	3,300,000	1,929,441.65
20	12	65	5,000,000	500,000	5,500,000	2,200,000	3,300,000	1,837,563.48
21			60,000,000	6,000,000	66,000,000	26,400,000	39,600,000	29,248,730

　上の**表7.1**は、これまで作成した表とそれほど違いはありませんが、１つ１つ説明していきます。まず、Ｂ２セルにＡ社の給与額である「5,000,000」、Ｂ３セルにＢ社の給与である「500,000」、Ｂ４セルに金利「５％」、Ｂ５セルに生活費控除割合「40％」をそれぞれ入力します。これらのセルを適宜参照させます。

　Ａ列には、いつ受給するのかを示す「期間」を入力します。具体的にはＡ８セルに現時点を意味する「０」を入力し、Ａ９セルには１年後を意味する計算式である「=A8+1」を入力し、これをコピーして、A20セルまで貼り付けます。

　Ｂ列には、「年齢」を入力します。Ｂ８セルからB20セルに入力しますが、Ｂ８セルには現在の年齢である「53」を入力し、Ｂ９セルには１年後の年齢ですので、「=B8+1」と入力し、これをコピーして、B20セルまで貼り付けます。

　Ｃ列とＤ列には、Ａ社とＢ社から受給できる給与を入力します。そして、通常、逸失利益の計算では１年後にもらえる給与から計算しますので、Ａ社

の給与も期間１（54歳）から入力します。具体的には、Ａ社の給与はＢ２セル
に入力されていますので、これを参照させます。C９セルに「=B２」と入
力し、これをコピーしてC20セルまで貼り付けます。同様にＢ社の給与も、
Ｂ３セルを参照させます。D９セルに「=$B$3」と入力し、これをコピーして
D20セルまで貼り付けます。

　Ｅ列には、ある期に受給できるＡ社の給与とＢ社の給与の合計金額を入力
します。具体的にはE９セルに「=C9+D9」（または、「=SUM（C9:D9）」）と入
力し、これをコピーしてE20セルまで貼り付けます。

　Ｆ列には、生活費として控除される具体的な金額を入力します。その期に
受給できる給与の合計に生活費控除割合をかけた金額を入力することになりま
す。ここでは、その期に受給できる給与の合計は、Ｅ列で計算されていますの
で、それを参照します。また生活費控除割合はＢ５セルに入力されていますの
で、それを参照します。具体的には、Ｆ９セルに「=E9*$B$5」と入力し、こ
れをコピーしてF20セルまで貼り付けます。

　Ｇ列には、生活費控除後の金額（その期に受給できる給与の合計から、生
活費控除金額を差し引いた金額）を入力します。ここでは期毎にＥ列からＦ
列を引く計算をします。具体的にはＧ９セルに「=E9-F9」と入力し、これを
コピーしてG20セルまで貼り付けます。

　Ｈ列では、中間利息控除の計算すなわち現在価値の計算をしますが、これ
はＧ列に入力されている生活費控除後の金額を所定の金利で割り引きます。
金利はＢ４セルに入力されていますので、それを参照します。具体的にはＨ９
セルに、「=G9/(1+$B$4)^A9」と入力し、これをコピーしてH20セルまで貼
り付けます。

　なお、上記の説明では、列ごとに入力する説明をしましたが、９行目（Ａ９
セルからＨ９セル）までを入力して、これらのセルをまとめてコピーして、
20行目（A20セルからH20セル）まで貼り付けても構いません。どちらでも、
やりやすい方法を試してみて下さい。

142 第7章　複数の収入がある場合や給与の増額が予定されている場合

　最後に、Ａ社の給与、Ｂ社の給与、合計、生活費控除、控除後の金額、現在価値の全ての項目について合計を計算します。Ａ社の合計は、C21セルに「=SUM（C8:C20）」と入力します。C21セルをコピーして、D21セルからH21セルまで貼り付ければ、各項目の合計金額を計算できます。現在価値の合計欄に示されている金額が、求めたい逸失利益の額になります。

　ここでは、２社からの給与が得られる例を検討しましたが、３社から給与が得られるのであれば、あらたに列を挿入すれば良いだけです。その際は、各期に得られる給与の合計がきちんと３社分の合計になっているかに注意しましょう。

7.2.1.2　受給金額は一定で、受給開始年も同じだが、受給終了年（受給期間）が異なる場合

　先ほどの事案は、Ａ社、Ｂ社ともに、同一期間受給でき、その間に受給金額も変わらないという内容でした。では、次に、被害者の事故時の年齢が53歳、給与はＡ社から500万円、Ｂ社から50万円が支払われていることは先ほどと同じだけれど、Ｂ社からの給与が60歳までしか支払われないという内容だったらどのように計算すれば良いでしょう。生活費控除率も40％のままとします。エクセルで表を作ってみようと思いますが、先ほどと違うのは、Ｂ社の給与が61歳から65歳までがゼロになるという点です。さっそく、そのような表になるように修正してみましょう。

7.2 死亡逸失利益の例 *143*

(表7.2)

	A	B	C	D	E	F	G	H
1								
2	A社給与	5,000,000						
3	B社給与	500,000						
4	金利	5.00%						
5	生活費控除割合	40.00%						
6								
7	期間	年齢	A社給与	B社給与	合計	生活費控除	控除後の金額	現在価値
8	0	53	0	0	0	0	0	0.00
9	1	54	5,000,000	500,000	5,500,000	2,200,000	3,300,000	3,142,857.14
10	2	55	5,000,000	500,000	5,500,000	2,200,000	3,300,000	2,993,197.28
11	3	56	5,000,000	500,000	5,500,000	2,200,000	3,300,000	2,850,664.08
12	4	57	5,000,000	500,000	5,500,000	2,200,000	3,300,000	2,714,918.17
13	5	58	5,000,000	500,000	5,500,000	2,200,000	3,300,000	2,585,636.35
14	6	59	5,000,000	500,000	5,500,000	2,200,000	3,300,000	2,462,510.81
15	7	60	5,000,000	500,000	5,500,000	2,200,000	3,300,000	2,345,248.39
16	8	61	5,000,000	0	5,000,000	2,000,000	3,000,000	2,030,518.09
17	9	62	5,000,000	0	5,000,000	2,000,000	3,000,000	1,933,826.75
18	10	63	5,000,000	0	5,000,000	2,000,000	3,000,000	1,841,739.76
19	11	64	5,000,000	0	5,000,000	2,000,000	3,000,000	1,754,037.87
20	12	65	5,000,000	0	5,000,000	2,000,000	3,000,000	1,670,512.25
21			60,000,000	3,500,000	63,500,000	25,400,000	38,100,000	28,325,667

　表7.2を見て下さい。先ほどの表7.1と異なるのは、Ｂ社の給与が61歳から65歳までゼロになり、それに伴い計算結果が変わったという点です。修正するのはD16セルからD20セルに「０」と入力するだけです。係数表を使わなくても、たったこれだけの入力で受給金額と受給期間が異なる給与の中間利息控除の計算ができてしまいます。

　この事案で、もし金利を変えたい場合はどうすれば良いでしょうか。たった１つ、金利が入力されているＢ４セルの値を「５％」から、別の値にすれば良いだけです。試しに３％にしてみましょう。

144 第７章　複数の収入がある場合や給与の増額が予定されている場合

(表7.3)

	A	B	C	D	E	F	G	H
1								
2	A社給与	5,000,000						
3	B社給与	500,000						
4	金利	3.00%						
5	生活費控除割合	40.00%						
6								
7	期間	年齢	A社給与	B社給与	合計	生活費控除	控除後の金額	現在価値
8	0	53	0	0	0	0	0	0.00
9	1	54	5,000,000	500,000	5,500,000	2,200,000	3,300,000	3,203,883.50
10	2	55	5,000,000	500,000	5,500,000	2,200,000	3,300,000	3,110,566.50
11	3	56	5,000,000	500,000	5,500,000	2,200,000	3,300,000	3,019,967.48
12	4	57	5,000,000	500,000	5,500,000	2,200,000	3,300,000	2,932,007.26
13	5	58	5,000,000	500,000	5,500,000	2,200,000	3,300,000	2,846,608.99
14	6	59	5,000,000	500,000	5,500,000	2,200,000	3,300,000	2,763,698.05
15	7	60	5,000,000	500,000	5,500,000	2,200,000	3,300,000	2,683,201.99
16	8	61	5,000,000	0	5,000,000	2,000,000	3,000,000	2,368,227.70
17	9	62	5,000,000	0	5,000,000	2,000,000	3,000,000	2,299,250.20
18	10	63	5,000,000	0	5,000,000	2,000,000	3,000,000	2,232,281.74
19	11	64	5,000,000	0	5,000,000	2,000,000	3,000,000	2,167,263.83
20	12	65	5,000,000	0	5,000,000	2,000,000	3,000,000	2,104,139.64
21			60,000,000	3,500,000	63,500,000	25,400,000	38,100,000	31,731,097

　たった１つ、Ｂ４セルを「３％」に変えるだけで、金利の変動にも対応できました。

　金利を変更させるのではなく、もし、裁判所から生活費控除割合が30％の表を出して欲しいと言われたら、どうすれば良いでしょう。その時は、生活費控除割合が入力されているＢ５セルの値を「40％」から「30％」にすれば良いだけです。具体的にエクセルに入力してみましょう（**表7.4**参照）。

7.2 死亡逸失利益の例 *145*

（表7.4）

	A	B	C	D	E	F	G	H
1								
2	A社給与	5,000,000						
3	B社給与	500,000						
4	金利	3.00%						
5	生活費控除割合	30.00%						
6								
7	期間	年齢	A社給与	B社給与	合計	生活費控除	控除後の金額	現在価値
8	0	53	0	0	0	0	0	0.00
9	1	54	5,000,000	500,000	5,500,000	1,650,000	3,850,000	3,737,864.08
10	2	55	5,000,000	500,000	5,500,000	1,650,000	3,850,000	3,628,994.25
11	3	56	5,000,000	500,000	5,500,000	1,650,000	3,850,000	3,523,295.39
12	4	57	5,000,000	500,000	5,500,000	1,650,000	3,850,000	3,420,675.13
13	5	58	5,000,000	500,000	5,500,000	1,650,000	3,850,000	3,321,043.82
14	6	59	5,000,000	500,000	5,500,000	1,650,000	3,850,000	3,224,314.39
15	7	60	5,000,000	500,000	5,500,000	1,650,000	3,850,000	3,130,402.32
16	8	61	5,000,000	0	5,000,000	1,500,000	3,500,000	2,762,932.32
17	9	62	5,000,000	0	5,000,000	1,500,000	3,500,000	2,682,458.56
18	10	63	5,000,000	0	5,000,000	1,500,000	3,500,000	2,604,328.70
19	11	64	5,000,000	0	5,000,000	1,500,000	3,500,000	2,528,474.47
20	12	65	5,000,000	0	5,000,000	1,500,000	3,500,000	2,454,829.58
21			60,000,000	3,500,000	63,500,000	19,050,000	44,450,000	37,019,613

7.2.1.3 受給金額は一定だが、受給開始年や受給終了年も異なる場合

　次は、被害者の事故時の年齢が53歳、給与はA社から500万円、B社から50万円が支払われていること、B社からの給与が60歳までしか支払われないという点は同じだけれど、A社には再雇用制度があり、66歳から70歳まで300万円の給与が得られたはずだとしたら、どのように計算すれば良いでしょう。なお、金利は3％で、生活費控除率は40％とします。エクセルで表を作ってみようと思います。

146 第７章　複数の収入がある場合や給与の増額が予定されている場合

(表7.5)

	A	B	C	D	E	F	G	H	I
2									
3			A社給与	A社再雇用	B社給与		生活費控除割合		金利
4			5,000,000	3,000,000	500,000		40.00%		3.00%
5									
6	期間	年齢	A社給与	A社再雇用	B社給与	合計	生活費控除	控除後の金額	現在価値
7	0	53	0	0	0	0	0	0	0.00
8	1	54	5,000,000	0	500,000	5,500,000	2,200,000	3,300,000	3,203,883.50
9	2	55	5,000,000	0	500,000	5,500,000	2,200,000	3,300,000	3,110,566.50
10	3	56	5,000,000	0	500,000	5,500,000	2,200,000	3,300,000	3,019,967.48
11	4	57	5,000,000	0	500,000	5,500,000	2,200,000	3,300,000	2,932,007.26
12	5	58	5,000,000	0	500,000	5,500,000	2,200,000	3,300,000	2,846,608.99
13	6	59	5,000,000	0	500,000	5,500,000	2,200,000	3,300,000	2,763,698.05
14	7	60	5,000,000	0	500,000	5,500,000	2,200,000	3,300,000	2,683,201.99
15	8	61	5,000,000	0	0	5,000,000	2,000,000	3,000,000	2,368,227.70
16	9	62	5,000,000	0	0	5,000,000	2,000,000	3,000,000	2,299,250.20
17	10	63	5,000,000	0	0	5,000,000	2,000,000	3,000,000	2,232,281.74
18	11	64	5,000,000	0	0	5,000,000	2,000,000	3,000,000	2,167,263.83
19	12	65	5,000,000	0	0	5,000,000	2,000,000	3,000,000	2,104,139.64
20	13	66	0	3,000,000	0	3,000,000	1,200,000	1,800,000	1,225,712.41
21	14	67	0	3,000,000	0	3,000,000	1,200,000	1,800,000	1,190,012.05
22	15	68	0	3,000,000	0	3,000,000	1,200,000	1,800,000	1,155,351.51
23	16	69	0	3,000,000	0	3,000,000	1,200,000	1,800,000	1,121,700.49
24	17	70	0	3,000,000	0	3,000,000	1,200,000	1,800,000	1,089,029.60
25		合計	60,000,000	15,000,000	3,500,000	78,500,000	31,400,000	47,100,000	37,512,903
26									

　表の作り方は今までと基本的に変わりませんが、若干、表の体裁を変えましたので、少し説明をしておきます。

　Ａ列、Ｂ列の入力内容はこれまでと同じです。それぞれ期間と年齢が入力されています。期間「０」というのは事故時を意味します。年齢「53」というのは事故時に53歳だったことを意味します。Ａ８セルに「=A7+1」、Ｂ８セルに「=B7+1」と入力し、これらをまとめてコピーしてA24セルからB24セルまで貼り付けます。

　Ｃ列には、Ａ社の54歳から65歳まで受給できる給与を入力しています。Ｃ４セルにＡ社の給与額を入力し、それを適宜参照させます。具体的には、Ｃ８セルに「=$C$4」と入力し、それをコピーしてC19セルまで貼り付けます。C20セルからC24セルには「０」を入力します。なお、Ａ社からは、66歳から70歳までの間、再雇用の給与として300万円をもらえますが、再雇用の給与は別途

D列に入力しましたので、C列の入力では66歳から70歳まではゼロとなります。

D列には、A社の再雇用給与を入力しています。D4セルにA社の再雇用給与額を入力し、それを適宜参照させます。具体的には、D4セルに「3,000,000」と入力します。53歳から65歳までは再雇用の給与は発生しませんので、D7セルからD19セルまでに「0」を入力します。66歳から再雇用給与が発生しますので、D20セルに「=$D$4」と入力し、それをコピーしてD24セルまで貼り付けます。

E列には、B社の54歳から60歳まで受給できる給与を入力しています。E4セルにB社の給与額を入力し、それを適宜参照させます。具体的には、E8セルに「=$E$4」と入力し、それをコピーしてE14セルまで貼り付けます。残りのセルには「0」を入力します。

F列には、A社給与、A社再雇用給与、B社給与の合計金額を入力しています。各期でそれらの合計金額を計算します。具体的にはF8セルに「=SUM(C8:E8)」と入力し、それをコピーしてF24セルまで貼り付けます。

G列には生活費として控除される金額を入力しました。G4セルに生活費控除割合を入力し、それを適宜参照させます。具体的にはG8セルに「=F8*$G$4」と入力し、それをコピーしてG24まで貼り付けます。

H列には、給与の合計から生活費控除額を引いた金額を入力します。具体的には、H8セルに「=F8-G8」と入力し、それをコピーしてH24セルまで貼り付けます。

I列には、中間利息控除をした金額すなわち各期の現在価値を入力します。I4セルに金利を入力し、割引計算の際、それを適宜参照させます。具体的にはI8セルに「=H8/(1+$I$4)^A8」と入力し、それをコピーしてI24セルまで貼り付けます。

最後に、各項目について合計金額を出せば完成です。具体的には、どの項目の合計を出しても良いのですが、ここではA社給与の合計欄をC25セルに

148　第7章　複数の収入がある場合や給与の増額が予定されている場合

「=SUM（C7:C24）」と入力して算出し、それをコピーしてI25までコピーしました。合計を出すときに、7行目からの合計を出しています。実際には0期目はゼロなのですが、もし0期目も損害として入力したい場合に備えて、0期目を意味する7行目からの合計を出しています。

7.2.2　受給金額が変動する場合

7.2.2.1　給与が1社のみで、毎年一定割合で上昇する場合

　まずは単純な事案として、A社からしか給与を得ておらず、A社の再雇用給与やB社の給与もない場合を考えてみます。A社の給与が、1年後は500万円だが、昇給制度により翌年以降は、前年の給与から毎年3％増額するとします。そのような場合、どのような表を作成すれば良いでしょうか。先ほど作った**表7.5**を利用して計算してみましょう。生活費控除率は30％とします。

　A社再雇用給与、B社給与がありませんので、C4セルとE4セルの値を「0」にします。次に、A社の給与が前年度に比べて毎年3％上昇する場合、どのようにエクセルに反映させれば良いのでしょうか。これは将来価値を計算するのと同じですが、その手順も具体的に見て行きましょう。

　以下の表ではC5セル（どこのセルでも構いません）に給与上昇率として「3％」を入力し、これを適宜参照させます。では、この給与上昇率を使って、エクセル上で給与を毎年3％上昇させるにはどのように入力すれば良いでしょう。完成後の表を見ながら確認して行きましょう。**表7.6**を見て下さい。

(表7.6)

	A	B	C	D	E	F	G	H	I
1									
2									
3			A社給与	A社再雇用	B社給与		生活費控除割合		金利
4			5,000,000	0	0		30.00%		5.00%
5		給与上昇率	3%						
6	期間	年齢	A社給与	A社再雇用	B社給与	合計	生活費控除	控除後の金額	現在価値
7	0	53	0	0	0	0	0	0	0.00
8	1	54	5,000,000	0	0	5,000,000	1,500,000	3,500,000	3,333,333.33
9	2	55	5,150,000	0	0	5,150,000	1,545,000	3,605,000	3,269,841.27
10	3	56	5,304,500	0	0	5,304,500	1,591,350	3,713,150	3,207,558.58
11	4	57	5,463,635	0	0	5,463,635	1,639,091	3,824,545	3,146,462.23
12	5	58	5,627,544	0	0	5,627,544	1,688,263	3,939,281	3,086,529.61
13	6	59	5,796,370	0	0	5,796,370	1,738,911	4,057,459	3,027,738.57
14	7	60	5,970,261	0	0	5,970,261	1,791,078	4,179,183	2,970,067.36
15	8	61	6,149,369	0	0	6,149,369	1,844,811	4,304,559	2,913,494.65
16	9	62	6,333,850	0	0	6,333,850	1,900,155	4,433,695	2,857,999.51
17	10	63	6,523,866	0	0	6,523,866	1,957,160	4,566,706	2,803,561.43
18	11	64	6,719,582	0	0	6,719,582	2,015,875	4,703,707	2,750,160.26
19	12	65	6,921,169	0	0	6,921,169	2,076,351	4,844,819	2,697,776.25
20	13	66	0	0	0	0	0	0	0.00
21	14	67	0	0	0	0	0	0	0.00
22	15	68	0	0	0	0	0	0	0.00
23	16	69	0	0	0	0	0	0	0.00
24	17	70	0	0	0	0	0	0	0.00
25		合計	70,960,148	0	0	70,960,148	21,288,044	49,672,103	36,064,523

　まず、期間1の給与は500万円ですので、C8セルに「=$C$4」と入力します。次に、翌期（期間2）の給与は「期間1の給与＋期間1の給与×上昇率」という金額になります。これは「期間1の給与×（1＋上昇率）」という式と同じです。そして、期間1の給与は、C8セルに、上昇率はC5セルにそれぞれ入力されていますので、それらを参照させて期間2を入力します。具体的には、C9セルに「=C8*(1+$C$5)」と入力します。これをコピーしてC19セルまで貼り付けます。

150 第7章　複数の収入がある場合や給与の増額が予定されている場合

(表7.7)

	A	B	C	D	
1					
2					
3			A社給与	A社再雇用	B社給与
4			5,000,000	0	
5		給与上昇率	3%		
6	期間	年齢	A社給与	A社再雇用	B社
7	0	53	0	0	
8	1	54	5,000,000	0	
9	2	55	5,150,000	0	
10	3	56	5,304,500	0	
11	4	57	5,463,635	0	
12	5	58	5,627,544	0	
13	6	59	=C12*(1+$C$5)		
14	7	60	5,970,261	0	
15	8	61	6,149,369	0	
16	9	62	6,333,850	0	
17	10	63	6,523,866	0	
18	11	64	6,719,582	0	
19	12	65	6,921,169	0	
20	13	66	0	0	

　上の**表7.7**は、C13セル（期間6、59歳のA社給与）の入力内容を確認したものです。C13セルを選択してF2（ファンクション2）キーを押すか、C13セルを選択してダブルクリックすれば確認できます。C13セルには「=C12*(1+$C$5)」と入力されていますが、「C12」というのは期間5、58歳のA社給与です。また、「C5」というのは給与の上昇率です。無事、A社の給与を、「前の期の給与×（1＋上昇率)」という形で計算することができました。

7.2　死亡逸失利益の例　*151*

7.2.2.2　１社の給与が一定割合で上昇し、さらに別の給与もある場合

　Ａ社の給与が、１年後は500万円だが、２年後以降は毎年前年度の給与から３％上がり、加えて、Ｂ社からも54歳から60歳まで毎年50万円の給与が支払われ、なおかつＡ社に再雇用制度があり、66歳から70歳まで300万円の給与が支払われるとします。この場合はどのように計算すれば良いでしょう。金利は５％で、生活費控除率は30％とします。先ほど作成した**表7.7**のうち、Ａ社の再雇用給与額が入力されているＤ４セルの値を「3,000,000」に、Ｂ社の給与が入力されているＥ４セルの値を「500,000」にしてみましょう。以下のような表になると思います。

(表7.8)

	A	B	C	D	E	F	G	H	I
2									
3			A社給与	A社再雇用	B社給与		生活費控除割合		金利
4			5,000,000	3,000,000	500,000		30.00%		5.00%
5		給与上昇率	3%						
6	期間	年齢	A社給与	A社再雇用	B社給与	合計	生活費控除	控除後の金額	現在価値
7	0	53	0	0	0	0	0	0	0.00
8	1	54	5,000,000	0	500,000	5,500,000	1,650,000	3,850,000	3,666,666.67
9	2	55	5,150,000	0	500,000	5,650,000	1,695,000	3,955,000	3,587,301.59
10	3	56	5,304,500	0	500,000	5,804,500	1,741,350	4,063,150	3,509,901.74
11	4	57	5,463,635	0	500,000	5,963,635	1,789,091	4,174,545	3,434,408.09
12	5	58	5,627,544	0	500,000	6,127,544	1,838,263	4,289,281	3,360,763.77
13	6	59	5,796,370	0	500,000	6,296,370	1,888,911	4,407,459	3,288,913.96
14	7	60	5,970,261	0	500,000	6,470,261	1,941,078	4,529,183	3,218,805.83
15	8	61	6,149,369	0	0	6,149,369	1,844,811	4,304,559	2,913,494.65
16	9	62	6,333,850	0	0	6,333,850	1,900,155	4,433,695	2,857,999.51
17	10	63	6,523,866	0	0	6,523,866	1,957,160	4,566,706	2,803,561.43
18	11	64	6,719,582	0	0	6,719,582	2,015,875	4,703,707	2,750,160.26
19	12	65	6,921,169	0	0	6,921,169	2,076,351	4,844,819	2,697,776.25
20	13	66	0	3,000,000	0	3,000,000	900,000	2,100,000	1,113,674.84
21	14	67	0	3,000,000	0	3,000,000	900,000	2,100,000	1,060,642.70
22	15	68	0	3,000,000	0	3,000,000	900,000	2,100,000	1,010,135.91
23	16	69	0	3,000,000	0	3,000,000	900,000	2,100,000	962,034.20
24	17	70	0	3,000,000	0	3,000,000	900,000	2,100,000	916,223.04
25		合計	70,960,148	15,000,000	3,500,000	89,460,148	26,838,044	62,622,103	43,152,464

　Ｄ７セルからＤ19セルには「０」が入力されており、D20セルからD24セルには「=$D$4」が入力されています。また、Ｅ８セルからＥ14セルには「=$E$4」が入力されており、Ｅ７セル及びE15セルからE24セルには「０」が

152 第７章　複数の収入がある場合や給与の増額が予定されている場合

入力されています。

7.2.2.3　複数の収入があり、複数の収入が毎年変動する場合

　上記事案でもし、Ｂ社の給与が１年後は50万円だが、翌年以降は毎年２万円増えていくとしたら、それをどのように反映させればよいでしょう。Ｅ５セルに給与上昇金額として「20,000」を入力します。期間１は50万円ですので、Ｅ８セルには「=$E$4」と入力します。次に、期間２の金額は「期間１＋給与上昇金額」ですので、Ｅ９セルには「E8+$E$5」と入力します。このＥ９セルをコピーして、Ｅ14セルまで貼り付けます。以下のような表が出来上がると思います。

（表7.9）

	A	B	C	D	E	F	G	H	I
1									
2									
3			A社給与	A社再雇用	B社給与		生活費控除割合		金利
4			5,000,000	3,000,000	500,000		30.00%		5.00%
5		給与上昇率	3%		20,000				
6	期間	年齢	A社給与	A社再雇用	B社給与	合計	生活費控除	控除後の金額	現在価値
7	0	53	0	0	0	0	0	0	0.00
8	1	54	5,000,000	0	500,000	5,500,000	1,650,000	3,850,000	3,666,666.67
9	2	55	5,150,000	0	520,000	5,670,000	1,701,000	3,969,000	3,600,000.00
10	3	56	5,304,500	0	540,000	5,844,500	1,753,350	4,091,150	3,534,089.19
11	4	57	5,463,635	0	560,000	6,023,635	1,807,091	4,216,545	3,468,961.60
12	5	58	5,627,544	0	580,000	6,207,544	1,862,263	4,345,281	3,404,641.23
13	6	59	5,796,370	0	600,000	6,396,370	1,918,911	4,477,459	3,341,149.04
14	7	60	5,970,261	0	620,000	6,590,261	1,977,078	4,613,183	3,278,503.06
15	8	61	6,149,369	0	0	6,149,369	1,844,811	4,304,559	2,913,494.65
16	9	62	6,333,850	0	0	6,333,850	1,900,155	4,433,695	2,857,999.51
17	10	63	6,523,866	0	0	6,523,866	1,957,160	4,566,706	2,803,561.43
18	11	64	6,719,582	0	0	6,719,582	2,015,875	4,703,707	2,750,160.26
19	12	65	6,921,169	0	0	6,921,169	2,076,351	4,844,819	2,697,776.25
20	13	66	0	3,000,000	0	3,000,000	900,000	2,100,000	1,113,674.84
21	14	67	0	3,000,000	0	3,000,000	900,000	2,100,000	1,060,642.70
22	15	68	0	3,000,000	0	3,000,000	900,000	2,100,000	1,010,135.91
23	16	69	0	3,000,000	0	3,000,000	900,000	2,100,000	962,034.20
24	17	70	0	3,000,000	0	3,000,000	900,000	2,100,000	916,223.04
25		合計	70,960,148	15,000,000	3,920,000	89,880,148	26,964,044	62,916,103	43,379,714

　今まで作成してきた表を修正していますので、Ｆ列からＩ列は全くいじっていませんが、給与の上昇を反映させた計算ができていることが分かります。

7.3　後遺症逸失利益の例

　次に、後遺症逸失利益の例を検討しようと思います。死亡事案との違いは、①逸失利益として損害になるのが労働能力喪失分に限られるということと、②原則として生活費控除を考えないということです。新たに後遺症逸失利益を計算するための表を作成しても良いですが、直前で作成した死亡逸失利益を計算した表に修正を加えて、この2点をエクセルに反映させてみましょう。どのように修正をするかというと、まずは生活費控除割合を「0％」にしましょう。これで生活費控除をしない表になりました。

(表7.10)

	A	B	C	D	E	F	G	H	I	J
1										
2										
3			A社給与	A社再雇用	B社給与		生活費控除割合		金利	
4			5,000,000	3,000,000	500,000		0.00%		5.00%	
5		給与上昇率	3%		20,000					
6	期間	年齢	A社給与	A社再雇用	B社給与	合計	生活費控除	控除後の金額	現在価値	
7	0	53	0	0	0	0	0	0	0.00	
8	1	54	5,000,000	0	500,000	5,500,000	0	5,500,000	5,238,095.24	
9	2	55	5,150,000	0	520,000	5,670,000	0	5,670,000	5,142,857.14	
10	3	56	5,304,500	0	540,000	5,844,500	0	5,844,500	5,048,698.84	
11	4	57	5,463,635	0	560,000	6,023,635	0	6,023,635	4,955,659.42	
12	5	58	5,627,544	0	580,000	6,207,544	0	6,207,544	4,863,773.19	
13	6	59	5,796,370	0	600,000	6,396,370	0	6,396,370	4,773,070.05	
14	7	60	5,970,261	0	620,000	6,590,261	0	6,590,261	4,683,575.80	
15	8	61	6,149,369	0	0	6,149,369	0	6,149,369	4,162,135.21	
16	9	62	6,333,850	0	0	6,333,850	0	6,333,850	4,082,856.45	
17	10	63	6,523,866	0	0	6,523,866	0	6,523,866	4,005,087.75	
18	11	64	6,719,582	0	0	6,719,582	0	6,719,582	3,928,800.37	
19	12	65	6,921,169	0	0	6,921,169	0	6,921,169	3,853,966.07	
20	13	66	0	3,000,000	0	3,000,000	0	3,000,000	1,590,964.05	
21	14	67	0	3,000,000	0	3,000,000	0	3,000,000	1,515,203.86	
22	15	68	0	3,000,000	0	3,000,000	0	3,000,000	1,443,051.29	
23	16	69	0	3,000,000	0	3,000,000	0	3,000,000	1,374,334.57	
24	17	70	0	3,000,000	0	3,000,000	0	3,000,000	1,308,890.06	
25		合計	70,960,148	15,000,000	3,920,000	89,880,148	0	89,880,148	61,971,019	
26										

　次に、労働能力を喪失した額を計算してみましょう。上の表の、F列（合計）とG列（生活費控除）の間に1列挿入します。

154　第 7 章　複数の収入がある場合や給与の増額が予定されている場合

(表7.11)

	A	B	C	D	E	F	G	H	I	J
1										
2										
3			A社給与	A社再雇用	B社給与					金利
4			5,000,000	3,000,000	500,000					5.00%
5		給与上昇率	3%		20,000					
6	期間	年齢	A社給与	A社再雇用	B社給与	合計			の金額	現在価値
7	0	53	0	0	0	0			0	0.00
8	1	54	5,000,000	0	500,000	5,500,000			500,000	5,238,095.24
9	2	55	5,150,000	0	520,000	5,670,000			670,000	5,142,857.14
10	3	56	5,304,500	0	540,000	5,844,500			844,500	5,048,698.84
11	4	57	5,463,635	0	560,000	6,023,635			023,635	4,955,659.42
12	5	58	5,627,544	0	580,000	6,207,544			207,544	4,863,773.19
13	6	59	5,796,370	0	600,000	6,396,370		0	6,396,370	4,773,070.05
14	7	60	5,970,261	0	620,000	6,590,261		0	6,590,261	4,683,575.80
15	8	61	6,149,369	0	0	6,149,369		0	6,149,369	4,162,135.21
16	9	62	6,333,850	0	0	6,333,850		0	6,333,850	4,082,856.45
17	10	63	6,523,866	0	0	6,523,866		0	6,523,866	4,005,087.75
18	11	64	6,719,582	0	0	6,719,582		0	6,719,582	3,928,800.37
19	12	65	6,921,169	0	0	6,921,169		0	6,921,169	3,853,966.07
20	13	66	0	3,000,000	0	3,000,000		0	3,000,000	1,590,964.05
21	14	67	0	3,000,000	0	3,000,000		0	3,000,000	1,515,203.86
22	15	68	0	3,000,000	0	3,000,000		0	3,000,000	1,443,051.29
23	16	69	0	3,000,000	0	3,000,000		0	3,000,000	1,374,334.57
24	17	70	0	3,000,000	0	3,000,000		0	3,000,000	1,308,890.06
25		合計	70,960,148	15,000,000	3,920,000	89,880,148		0	89,880,148	61,971,019
26										
27										
28										

右クリックメニュー:
- 切り取り(T)
- コピー(C)
- 貼り付けのオプション:
- 形式を選択して貼り付け(S)...
- 挿入(I)
- 削除(D)
- 数式と値のクリア(N)
- セルの書式設定(F)...
- 列の幅(W)...
- 非表示(H)
- 再表示(U)

　このようにして新たに挿入された G 列に労働能力喪失額を入力します。具体的には G 4 セルに労働能力喪失率を入力します（**表7.12**参照）。ここでは「50%」と入力しました。次に、具体的な労働能力喪失金額を入力します。労働能力喪失額は「収入の合計額×労働能力喪失率」で、収入の合計は F 列に入力されていますので、F 列に労働能力喪失率をかけることになります。具体的には、G 7 セルに「=F7*$G$4」と入力します。

7.3 後遺症逸失利益の例 155

（表7.12）

	A	B	C	D	E	F	G	H	I	J
1										
2										
3			A社給与	A社再雇用	B社給与		労働能力喪失率	生活費控除割合		金利
4			5,000,000	3,000,000	500,000		50%	0.00%		5.00%
5		給与上昇率	3%		20,000					
6	期間	年齢	A社給与	A社再雇用	B社給与	合計	労働能力喪失額	生活費控除	控除後の金額	現在価値
7	0	53	0	0	0	0	=F7*$G$4	0	0	0.00
8	1	54	5,000,000	0	500,000	5,500,000		0	5,500,000	5,238,095.24
9	2	55	5,150,000	0	520,000	5,670,000		0	5,670,000	5,142,857.14
10	3	56	5,304,500	0	540,000	5,844,500		0	5,844,500	5,048,698.84
11	4	57	5,463,635	0	560,000	6,023,635		0	6,023,635	4,955,659.42
12	5	58	5,627,544	0	580,000	6,207,544		0	6,207,544	4,863,773.19
13	6	59	5,796,370	0	600,000	6,396,370		0	6,396,370	4,773,070.05

　ところで、このままでは、以下の**表7.13**のように、Ｈ列の参照先がＦ列のままです。Ｈ７セルに入力した式は「Ｆ７」を参照していますが、労働能力喪失額を参照先にしなければなりません。そこで、Ｈ７セルの入力した式の参照先を「Ｆ７」から「Ｇ７」に修正する必要があります。具体的には、Ｈ７セルに「＝G7*$H$4」と入力します。

（表7.13）

	A	B	C	D	E	F	G	H	I	J
1										
2										
3			A社給与	A社再雇用	B社給与		労働能力喪失率	生活費控除割合		金利
4			5,000,000	3,000,000	500,000		50%	0.00%		5.0(
5		給与上昇率	3%		20,000					
6	期間	年齢	A社給与	A社再雇用	B社給与	合計	労働能力喪失額	生活費控除	控除後の金額	現在価値
7	0	53	0	0	0	0	0	=F7*$H$4	0	0.
8	1	54	5,000,000	0	500,000	5,500,000		0	5,500,000	5,238,095.
9	2	55	5,150,000	0	520,000	5,670,000		0	5,670,000	5,142,857.
10	3	56	5,304,500	0	540,000	5,844,500		0	5,844,500	5,048,698.
11	4	57	5,463,635	0	560,000	6,023,635		0	6,023,635	4,955,659.
12	5	58	5,627,544	0	580,000	6,207,544		0	6,207,544	4,863,773.
13	6	59	5,796,370	0	600,000	6,396,370		0	6,396,370	4,773,070.
14	7	60	5,970,261	0	620,000	6,590,261		0	6,590,261	4,683,575.

　また、**表7.14**のようにＨ列だけでなくＩ列の参照先もＦ列のままです。以下のように、Ｉ７セルは「Ｆ７」を参照していますが、参照先を「Ｇ７」に修正する必要があります。具体的には、Ｉ７セルに「＝G7-H7」と入力します。

156　第7章　複数の収入がある場合や給与の増額が予定されている場合

(表7.14)

	A	B	C	D	E	F	G	H	I	J
1										
2										
3			A社給与	A社再雇用	B社給与		労働能力喪失率	生活費控除割合		金利
4			5,000,000	3,000,000	500,000		50%	0.00%		5.00
5		給与上昇率	3%		20,000					
6	期間	年齢	A社給与	A社再雇用	B社給与	合計	労働能力喪失額	生活費控除	控除後の金額	現在価値
7	0	53	0	0	0	0	0	0	=F7-H7	0.0
8	1	54	5,000,000	0	500,000	5,500,000			0	5,500,000	5,238,095.2
9	2	55	5,150,000	0	520,000	5,670,000		0	5,670,000	5,142,857.1
10	3	56	5,304,500	0	540,000	5,844,500		0	5,844,500	5,048,698.8
11	4	57	5,463,635	0	560,000	6,023,635		0	6,023,635	4,955,659.4
12	5	58	5,627,544	0	580,000	6,207,544		0	6,207,544	4,863,773.1

　このように修正を加えた後で、G7セルからH7セルをまとめてコピーして、G24セルからH24セルまで貼り付けます。すると、以下のような表が完成します。

(表7.15)

	A	B	C	D	E	F	G	H	I	J
1										
2										
3			A社給与	A社再雇用	B社給与		労働能力喪失率	生活費控除割合		金利
4			5,000,000	3,000,000	500,000		50%	0.00%		5.00%
5		給与上昇率	3%		20,000					
6	期間	年齢	A社給与	A社再雇用	B社給与	合計	労働能力喪失額	生活費控除	控除後の金額	現在価値
7	0	53	0	0	0	0	0	0	0	0.00
8	1	54	5,000,000	0	500,000	5,500,000	2,750,000	0	2,750,000	2,619,047.62
9	2	55	5,150,000	0	520,000	5,670,000	2,835,000	0	2,835,000	2,571,428.57
10	3	56	5,304,500	0	540,000	5,844,500	2,922,250	0	2,922,250	2,524,349.42
11	4	57	5,463,635	0	560,000	6,023,635	3,011,818	0	3,011,818	2,477,829.71
12	5	58	5,627,544	0	580,000	6,207,544	3,103,772	0	3,103,772	2,431,886.60
13	6	59	5,796,370	0	600,000	6,396,370	3,198,185	0	3,198,185	2,386,535.03
14	7	60	5,970,261	0	620,000	6,590,261	3,295,131	0	3,295,131	2,341,787.90
15	8	61	6,149,369	0	0	6,149,369	3,074,685	0	3,074,685	2,081,067.61
16	9	62	6,333,850	0	0	6,333,850	3,166,925	0	3,166,925	2,041,428.22
17	10	63	6,523,866	0	0	6,523,866	3,261,933	0	3,261,933	2,002,543.88
18	11	64	6,719,582	0	0	6,719,582	3,359,791	0	3,359,791	1,964,400.18
19	12	65	6,921,169	0	0	6,921,169	3,460,585	0	3,460,585	1,926,983.04
20	13	66	0	3,000,000	0	3,000,000	1,500,000	0	1,500,000	795,482.03
21	14	67	0	3,000,000	0	3,000,000	1,500,000	0	1,500,000	757,601.93
22	15	68	0	3,000,000	0	3,000,000	1,500,000	0	1,500,000	721,525.65
23	16	69	0	3,000,000	0	3,000,000	1,500,000	0	1,500,000	687,167.28
24	17	70	0	3,000,000	0	3,000,000	1,500,000	0	1,500,000	654,445.03
25		合計	70,960,148	15,000,000	3,920,000	89,880,148		0	44,940,074	30,985,510
26										

　表7.15のG列とI列に表示されている数値は同じですが、入力されている内容は全く異なります。なぜ、このように無駄にも見える列を残しておくかと

7.3　後遺症逸失利益の例　*157*

いうと、もし、後遺症事案でも生活費控除をするという場合には、H4セルに生活費控除割合の値を入力すれば良いからです。試しに、後遺症事案でも30％の生活費控除をしてみましょう。やるべきことは、H4セルに「30％」と入力するだけです。

（表7.16）

	A	B	C	D	E	F	G	H	I	J
1										
2										
3			A社給与	A社再雇用	B社給与		労働能力喪失率	生活費控除割合		金利
4			5,000,000	3,000,000	500,000		50%	30.00%		5.00%
5		給与上昇率	3%		20,000					
6	期間	年齢	A社給与	A社再雇用	B社給与	合計	労働能力喪失額	生活費控除	控除後の金額	現在価値
7	0	53	0	0	0	0	0	0	0	0.00
8	1	54	5,000,000	0	500,000	5,500,000	2,750,000	825,000	1,925,000	1,833,333.33
9	2	55	5,150,000	0	520,000	5,670,000	2,835,000	850,500	1,984,500	1,800,000.00
10	3	56	5,304,500	0	540,000	5,844,500	2,922,250	876,675	2,045,575	1,767,044.60
11	4	57	5,463,635	0	560,000	6,023,635	3,011,818	903,545	2,108,272	1,734,480.80
12	5	58	5,627,544	0	580,000	6,207,544	3,103,772	931,132	2,172,640	1,702,320.62
13	6	59	5,796,370	0	600,000	6,396,370	3,198,185	959,456	2,238,730	1,670,574.52
14	7	60	5,970,261	0	620,000	6,590,261	3,295,131	988,539	2,306,592	1,639,251.53
15	8	61	6,149,369	0	0	6,149,369	3,074,685	922,405	2,152,279	1,456,747.32
16	9	62	6,333,850	0	0	6,333,850	3,166,925	950,078	2,216,848	1,428,999.76
17	10	63	6,523,866	0	0	6,523,866	3,261,933	978,580	2,283,353	1,401,780.71
18	11	64	6,719,582	0	0	6,719,582	3,359,791	1,007,937	2,351,854	1,375,080.13
19	12	65	6,921,169	0	0	6,921,169	3,460,585	1,038,175	2,422,409	1,348,888.13
20	13	66	0	3,000,000	0	3,000,000	1,500,000	450,000	1,050,000	556,837.42
21	14	67	0	3,000,000	0	3,000,000	1,500,000	450,000	1,050,000	530,321.35
22	15	68	0	3,000,000	0	3,000,000	1,500,000	450,000	1,050,000	505,067.95
23	16	69	0	3,000,000	0	3,000,000	1,500,000	450,000	1,050,000	481,017.10
24	17	70	0	3,000,000	0	3,000,000	1,500,000	450,000	1,050,000	458,111.52
25		合計	70,960,148	15,000,000	3,920,000	89,880,148		13,482,022	31,458,052	21,689,857

158 第７章　複数の収入がある場合や給与の増額が予定されている場合

　ちなみに、この表を死亡事案でも利用したければ、労働能力喪失率を100％にすれば良いです。具体的にやるべき作業は、Ｇ４セルに「100％」と入力するだけです。

（表7.17）

	A	B	C	D	E	F	G	H	I	J
1										
2										
3			A社給与	A社再雇用	B社給与		労働能力喪失率	生活費控除割合		金利
4			5,000,000	3,000,000	500,000		100%	30.00%		5.00%
5		給与上昇率	3%		20,000					
6	期間	年齢	A社給与	A社再雇用	B社給与	合計	労働能力喪失額	生活費控除	控除後の金額	現在価値
7	0	53	0	0	0	0	0	0	0	0.00
8	1	54	5,000,000	0	500,000	5,500,000	5,500,000	1,650,000	3,850,000	3,666,666.67
9	2	55	5,150,000	0	520,000	5,670,000	5,670,000	1,701,000	3,969,000	3,600,000.00
10	3	56	5,304,500	0	540,000	5,844,500	5,844,500	1,753,350	4,091,150	3,534,089.19
11	4	57	5,463,635	0	560,000	6,023,635	6,023,635	1,807,091	4,216,545	3,468,961.60
12	5	58	5,627,544	0	580,000	6,207,544	6,207,544	1,862,263	4,345,281	3,404,641.23
13	6	59	5,796,370	0	600,000	6,396,370	6,396,370	1,918,911	4,477,459	3,341,149.04
14	7	60	5,970,261	0	620,000	6,590,261	6,590,261	1,977,078	4,613,183	3,278,503.06
15	8	61	6,149,369	0	0	6,149,369	6,149,369	1,844,811	4,304,559	2,913,494.65
16	9	62	6,333,850	0	0	6,333,850	6,333,850	1,900,155	4,433,695	2,857,999.51
17	10	63	6,523,866	0	0	6,523,866	6,523,866	1,957,160	4,566,706	2,803,561.43
18	11	64	6,719,582	0	0	6,719,582	6,719,582	2,015,875	4,703,707	2,750,160.26
19	12	65	6,921,169	0	0	6,921,169	6,921,169	2,076,351	4,844,819	2,697,776.25
20	13	66	0	3,000,000	0	3,000,000	3,000,000	900,000	2,100,000	1,113,674.84
21	14	67	0	3,000,000	0	3,000,000	3,000,000	900,000	2,100,000	1,060,642.70
22	15	68	0	3,000,000	0	3,000,000	3,000,000	900,000	2,100,000	1,010,135.91
23	16	69	0	3,000,000	0	3,000,000	3,000,000	900,000	2,100,000	962,034.20
24	17	70	0	3,000,000	0	3,000,000	3,000,000	900,000	2,100,000	916,223.04
25		合計	70,960,148	15,000,000	3,920,000	89,880,148		26,964,044	62,916,103	43,379,714

7.3 後遺症逸失利益の例　*159*

　この**表7.17**で算出された現在価値の合計額（J25セルの値、「43,379,714」）は、死亡事案で検討した結果と同じです。以下の**表7.18**（**表7.9**と同じ）は死亡事案を検討した際に作成した表です。現在価値の合計額（I25セルの値）は、「43,379,714」となっています。

（表7.18）

	A	B	C	D	E	F	G	H	I
1									
2									
3			A社給与	A社再雇用	B社給与		生活費控除割合		金利
4			5,000,000	3,000,000	500,000		30.00%		5.00%
5		給与上昇率	3%		20,000				
6	期間	年齢	A社給与	A社再雇用	B社給与	合計	生活費控除	控除後の金額	現在価値
7	0	53	0	0	0	0	0	0	0.00
8	1	54	5,000,000	0	500,000	5,500,000	1,650,000	3,850,000	3,666,666.67
9	2	55	5,150,000	0	520,000	5,670,000	1,701,000	3,969,000	3,600,000.00
10	3	56	5,304,500	0	540,000	5,844,500	1,753,350	4,091,150	3,534,089.19
11	4	57	5,463,635	0	560,000	6,023,635	1,807,091	4,216,545	3,468,961.60
12	5	58	5,627,544	0	580,000	6,207,544	1,862,263	4,345,281	3,404,641.23
13	6	59	5,796,370	0	600,000	6,396,370	1,918,911	4,477,459	3,341,149.04
14	7	60	5,970,261	0	620,000	6,590,261	1,977,078	4,613,183	3,278,503.06
15	8	61	6,149,369	0	0	6,149,369	1,844,811	4,304,559	2,913,494.65
16	9	62	6,333,850	0	0	6,333,850	1,900,155	4,433,695	2,857,999.51
17	10	63	6,523,866	0	0	6,523,866	1,957,160	4,566,706	2,803,561.43
18	11	64	6,719,582	0	0	6,719,582	2,015,875	4,703,707	2,750,160.26
19	12	65	6,921,169	0	0	6,921,169	2,076,351	4,844,819	2,697,776.25
20	13	66	0	3,000,000	0	3,000,000	900,000	2,100,000	1,113,674.84
21	14	67	0	3,000,000	0	3,000,000	900,000	2,100,000	1,060,642.70
22	15	68	0	3,000,000	0	3,000,000	900,000	2,100,000	1,010,135.91
23	16	69	0	3,000,000	0	3,000,000	900,000	2,100,000	962,034.20
24	17	70	0	3,000,000	0	3,000,000	900,000	2,100,000	916,223.04
25		合計	70,960,148	15,000,000	3,920,000	89,880,148	26,964,044	62,916,103	43,379,714

160 第7章 複数の収入がある場合や給与の増額が予定されている場合

　もし、給与が上昇せず一定の場合には、給与上昇率や上昇給与額を「０」にすれば良いです。

(表7.19)

	A	B	C	D	E	F	G	H	I	J
1										
2										
3			A社給与	A社再雇用	B社給与		労働能力喪失率	生活費控除割合		金利
4			5,000,000	3,000,000	500,000		100%	30.00%		5.00%
5		給与上昇率	0%		0					
6	期間	年齢	A社給与	A社再雇用	B社給与	合計	労働能力喪失額	生活費控除	控除後の金額	現在価値
7	0	53	0	0	0	0	0	0	0	0.00
8	1	54	5,000,000	0	500,000	5,500,000	5,500,000	1,650,000	3,850,000	3,666,666.67
9	2	55	5,000,000	0	500,000	5,500,000	5,500,000	1,650,000	3,850,000	3,492,063.49
10	3	56	5,000,000	0	500,000	5,500,000	5,500,000	1,650,000	3,850,000	3,325,774.75
11	4	57	5,000,000	0	500,000	5,500,000	5,500,000	1,650,000	3,850,000	3,167,404.53
12	5	58	5,000,000	0	500,000	5,500,000	5,500,000	1,650,000	3,850,000	3,016,575.74
13	6	59	5,000,000	0	500,000	5,500,000	5,500,000	1,650,000	3,850,000	2,872,929.28
14	7	60	5,000,000	0	500,000	5,500,000	5,500,000	1,650,000	3,850,000	2,736,123.12
15	8	61	5,000,000	0	0	5,000,000	5,000,000	1,500,000	3,500,000	2,368,937.77
16	9	62	5,000,000	0	0	5,000,000	5,000,000	1,500,000	3,500,000	2,256,131.21
17	10	63	5,000,000	0	0	5,000,000	5,000,000	1,500,000	3,500,000	2,148,696.39
18	11	64	5,000,000	0	0	5,000,000	5,000,000	1,500,000	3,500,000	2,046,377.51
19	12	65	5,000,000	0	0	5,000,000	5,000,000	1,500,000	3,500,000	1,948,930.96
20	13	66	0	3,000,000	0	3,000,000	3,000,000	900,000	2,100,000	1,113,674.84
21	14	67	0	3,000,000	0	3,000,000	3,000,000	900,000	2,100,000	1,060,642.70
22	15	68	0	3,000,000	0	3,000,000	3,000,000	900,000	2,100,000	1,010,135.91
23	16	69	0	3,000,000	0	3,000,000	3,000,000	900,000	2,100,000	962,034.20
24	17	70	0	3,000,000	0	3,000,000	3,000,000	900,000	2,100,000	916,223.04
25		合計	60,000,000	15,000,000	3,500,000	78,500,000		23,550,000	54,950,000	38,109,322

7.3 後遺症逸失利益の例　161

　また、Ａ社しか収入しかない場合には、他の収入を「０」にすれば計算できます。

(表7.20)

	A	B	C	D	E	F	G	H	I	J
1										
2										
3			A社給与	A社再雇用	B社給与		労働能力喪失率	生活費控除割合		金利
4			5,000,000	0	0		100%	30.00%		5.00%
5		給与上昇率	0%		0					
6	期間	年齢	A社給与	A社再雇用	B社給与	合計	労働能力喪失額	生活費控除	控除後の金額	現在価値
7	0	53	0	0	0	0	0	0	0	0.00
8	1	54	5,000,000	0	0	5,000,000	5,000,000	1,500,000	3,500,000	3,333,333.33
9	2	55	5,000,000	0	0	5,000,000	5,000,000	1,500,000	3,500,000	3,174,603.17
10	3	56	5,000,000	0	0	5,000,000	5,000,000	1,500,000	3,500,000	3,023,431.59
11	4	57	5,000,000	0	0	5,000,000	5,000,000	1,500,000	3,500,000	2,879,458.66
12	5	58	5,000,000	0	0	5,000,000	5,000,000	1,500,000	3,500,000	2,742,341.58
13	6	59	5,000,000	0	0	5,000,000	5,000,000	1,500,000	3,500,000	2,611,753.89
14	7	60	5,000,000	0	0	5,000,000	5,000,000	1,500,000	3,500,000	2,487,384.66
15	8	61	5,000,000	0	0	5,000,000	5,000,000	1,500,000	3,500,000	2,368,937.77
16	9	62	5,000,000	0	0	5,000,000	5,000,000	1,500,000	3,500,000	2,256,131.21
17	10	63	5,000,000	0	0	5,000,000	5,000,000	1,500,000	3,500,000	2,148,696.39
18	11	64	5,000,000	0	0	5,000,000	5,000,000	1,500,000	3,500,000	2,046,377.51
19	12	65	5,000,000	0	0	5,000,000	5,000,000	1,500,000	3,500,000	1,948,930.96
20	13	66	0	0	0	0	0	0	0	0.00
21	14	67	0	0	0	0	0	0	0	0.00
22	15	68	0	0	0	0	0	0	0	0.00
23	16	69	0	0	0	0	0	0	0	0.00
24	17	70	0	0	0	0	0	0	0	0.00
25		合計	60,000,000	0	0	60,000,000		18,000,000	42,000,000	31,021,381

第 8 章

実務上の他の意思決定に応用

164 第 8 章 実務上の他の意思決定に応用

8.1 はじめに

　本書の目的は、法定金利の変動制に備えて、死亡逸失利益や後遺症逸失利益を算定する際に行う中間利息控除について、より効率的な計算手法を身に付けることにあります。しかし、これまで学習した内容は、実務で遭遇する様々な意思決定のツールとして利用することができます。本章では、その具体例を検討します。

8.2 離婚に伴う財産分与の例

8.2.1 分割払いの現在価値

　例えば、離婚事案で和解案を検討しているとします。財産分与の対象として不動産（評価額は2,400万円）があるとします（簡便化のために不動産のみ、住宅ローンは無しとします）。一方がこの不動産を取得すると、他方は1,200万円の支払いを受けることになります。ところが、1,200万を支払う側（不動産を取得する側）は、一括で支払えるだけの現金預金がないため、毎年120万円を10回に分けて支払いたいと主張しています。毎年120万円を10回支払ってもらえれば、確かに額面上は合計1,200万円の支払いを受けられることになります。しかし、これまで学習した通り、今の1,200万円と将来の1,200万円は同じ価値ではありません。では、毎年120万円を10回に分けて支払いを受けるという提案をどのように評価すれば良いのでしょうか。その現在価値はいくらになるのでしょうか。なお、初回の120万円は、すぐに受けられるものとし、その後、1年後に120万円、2年後に120万円と支払われ、9年後に最後の120万円が支払われるものとします。金利3％で現在価値を計算してみましょう。

166 第8章 実務上の他の意思決定に応用

(表8.1)

	A	B	C	D
1				
2	支払額	1,200,000		
3	金利	3%		
4				
5		将来CF	現在価値	
6	0	1,200,000	1,200,000.000	
7	1	1,200,000	1,165,048.544	
8	2	1,200,000	1,131,115.091	
9	3	1,200,000	1,098,169.991	
10	4	1,200,000	1,066,184.457	
11	5	1,200,000	1,035,130.541	
12	6	1,200,000	1,004,981.108	
13	7	1,200,000	975,709.814	
14	8	1,200,000	947,291.081	
15	9	1,200,000	919,700.079	
16	合計	12,000,000	10,543,330.706	
17				

　表8.1を見て下さい。C16セルに現在価値の合計額が表示されています。その値は約1,054万円です。これでは今1,200万円の支払いを受けるのに比べて、120万円ずつ10回に分けて支払いを受けると、約146万円の価値が毀損していることを意味します。無利息で分割払いをするのは、支払う側にだけ有利になります。

8.2.2　分割払いの現在価値を一括払いと同額にする方法

8.2.2.1　支払回数を増やす方法

　では、分割払いの現在価値の合計が1,200万円になるにはどうすれば良いでしょうか。支払回数を増やすのが1つの方法です。120万円の支払いを何回行えば現在価値が1,200万円になるでしょう。金利3％のままエクセルの表を修

8.2 離婚に伴う財産分与の例 *167*

正してみましょう。

表8.2を見て下さい。これまでは合計欄を最後の行に記入していましたが、現在価値の累積額を入力する列（E列）を作り、ここに現在価値の合計額が示されるようにしました。また支払額そのものの累計（C列）が分かるようにしています。

（表8.2）

	A	B	C	D	E	F
1						
2	支払額	1,200,000				
3	金利	3%				
4						
5		将来CF	支払額の累積額	現在価値	現在価値の累積額	
6	0	1,200,000	1,200,000	1,200,000.00	1,200,000.00	
7	1	1,200,000	2,400,000	1,165,048.54	2,365,048.54	
8	2	1,200,000	3,600,000	1,131,115.09	3,496,163.63	
9	3	1,200,000	4,800,000	1,098,169.99	4,594,333.63	
10	4	1,200,000	6,000,000	1,066,184.46	5,660,518.08	
11	5	1,200,000	7,200,000	1,035,130.54	6,695,648.62	
12	6	1,200,000	8,400,000	1,004,981.11	7,700,629.73	
13	7	1,200,000	9,600,000	975,709.81	8,676,339.55	
14	8	1,200,000	10,800,000	947,291.08	9,623,630.63	
15	9	1,200,000	12,000,000	919,700.08	10,543,330.71	
16	10	1,200,000	13,200,000	892,912.70	11,436,243.40	
17	11	1,200,000	14,400,000	866,905.53	12,303,148.94	
18	12	1,200,000	15,600,000	841,655.86	13,144,804.79	
19						
20						

E17セルを見ると、「12,303,148.94」と表示されており、期間11の時点で現在価値の累積が1,200万円を超えることが分かります。期間10では現在価値の累積額は1,200万円に到達していませんので、最後の支払いは期間11となります。そこで期間12の支払額（B18セルの値）を「0」にしましょう。ですが、B17セルに入力されている「1,200,000」という支払額の値が少し高いままです。そこで、このB17セルの額を変えて、現在価値の累積額（E17セルの値）が1,200

168　第8章　実務上の他の意思決定に応用

万円になるようにしてみましょう。B2セルを参照させるのではなく、B17セルに直接120万円より少ない値を直接入力してみましょう。100万円、90万円、80万円と入力すると、だんだん、E17セルが1,200万円に近付くはずです。最終的な値は**表8.3**の通りです。

(表8.3)

	A	B	C	D	E	F
1						
2	支払額	1,200,000				
3	金利	3%				
4						
5		将来CF	支払額の累積額	現在価値	現在価値の累積額	
6	0	1,200,000	1,200,000	1,200,000.00	1,200,000.00	
7	1	1,200,000	2,400,000	1,165,048.54	2,365,048.54	
8	2	1,200,000	3,600,000	1,131,115.09	3,496,163.63	
9	3	1,200,000	4,800,000	1,098,169.99	4,594,333.63	
10	4	1,200,000	6,000,000	1,066,184.46	5,660,518.08	
11	5	1,200,000	7,200,000	1,035,130.54	6,695,648.62	
12	6	1,200,000	8,400,000	1,004,981.11	7,700,629.73	
13	7	1,200,000	9,600,000	975,709.81	8,676,339.55	
14	8	1,200,000	10,800,000	947,291.08	9,623,630.63	
15	9	1,200,000	12,000,000	919,700.08	10,543,330.71	
16	10	1,200,000	13,200,000	892,912.70	11,436,243.40	
17	11	780,371	13,980,371	563,756.61	12,000,000.02	
18	12	0	13,980,371	0.00	12,000,000.02	
19						
20						

　B17セルを見ると「780,371」と入力されており、この時、E17セルに示されている現在価値の累積額がほぼ1,200万円になります。このように、初回を現時点で120万円支払い、その後は毎年120万円を分割で支払うのであれば、金利3％のもとでは期間10までは毎年120万円を支払い、最後に78万371円の、合計1,398万371円（C17セル）を支払うことにしなければ、現時点での財産分与としては価値が同じになりません。和解条項の内容も、単純に120万円を10回払う内容ではもらう側が損をする結果になります。金利3％のもとで、同じ貨幣

8.2 離婚に伴う財産分与の例　169

価値になるためには、直ちに120万円を支払い、その後1年後から10年間120万円を支払い、11年目に78万371円を支払うという和解条項にすれば良いことになります。

8.2.2.2　元利均等返済の表を作る方法

では、少し視点を変えて、住宅ローンの支払いと同じように、利息を付けるということで、分割払いと一括払いの価値を同じくする方法は無いでしょうか。新たに元利均等返済の表を作成してみましょう。**表8.4**を見てみましょう。B1セルには合計支払額「12,000,000」、B2セルには毎年の支払額「1,200,000」、B3セルには金利「3％」をそれぞれ入力します。これらのセルを適宜参照させます。B列には元本の期首残高、C列には毎年の支払額、D列には金利充当額、E列には元本充当額、F列には期末残額をそれぞれ入力します。

（表8.4）

	A	B	C	D	E	F	G
1	元本	12,000,000					
2	支払額	1,200,000					
3	金利	3%					
4							
5		期首残額	支払額	金利充当額	元本充当額	期末残額	
6	0	12,000,000.00	1,200,000.00	0.00	1,200,000.00	10,800,000.00	
7	1	10,800,000.00	1,200,000.00	324,000.00	876,000.00	9,924,000.00	
8	2	9,924,000.00	1,200,000.00	297,720.00	902,280.00	9,021,720.00	
9	3	9,021,720.00	1,200,000.00	270,651.60	929,348.40	8,092,371.60	
10	4	8,092,371.60	1,200,000.00	242,771.15	957,228.85	7,135,142.75	
11	5	7,135,142.75	1,200,000.00	214,054.28	985,945.72	6,149,197.03	
12	6	6,149,197.03	1,200,000.00	184,475.91	1,015,524.09	5,133,672.94	
13	7	5,133,672.94	1,200,000.00	154,010.19	1,045,989.81	4,087,683.13	
14	8	4,087,683.13	1,200,000.00	122,630.49	1,077,369.51	3,010,313.62	
15	9	3,010,313.62	1,200,000.00	90,309.41	1,109,690.59	1,900,623.03	
16	10	1,900,623.03	1,200,000.00	57,018.69	1,142,981.31	757,641.72	
17	11	757,641.72	1,200,000.00	22,729.25	1,177,270.75	-419,629.03	
18		合計支払額	14,400,000.00	1,980,370.97	12,419,629.03		
19							

この表をどのように作成するのか、順を追って確認していきましょう。まず、6行目のB6セルは元本の一番初めの値ですので「=B1」と入力します。

170　第8章　実務上の他の意思決定に応用

C6セルには支払額である「=$B$2」と入力します。D6セルは期間0時点で
は金利は発生しませんので「0」と入力します。E6セルは支払額のうち元本
に充当する金額を入力します。その額は、支払額（C6セル）から金利充当額
（D6セル）を引いた金額ですので「=C6-D6」と入力します。F6セルは期首
残額（B6セル）から元本充当額（E6セル）を引いた値を入力するので、
「=B6-E6」を入力します。この行だけは他の行と異なる内容ですので、別途
作成する必要があります。

　次に7行目を確認してみましょう。この行の入力を終えれば、残りの行につ
いては7行目を一括コピーして貼り付ければ良くなりますので、きちんと確認
してください。B7セルの期首残額は前期の期末残額と同じ値ですので、
「=F6」と入力します。C7セルはC6セルと変わりませんのでC6セルをコ
ピーして貼り付けます。D7セルはその期に支払う金利を入力しますので、
「=B7*$B$3」と入力します（B7セルではく、F6セルを参照しても良いで
す）。金利についてはその後も参照させることになりますので、Bと3の両方
の前に$マークを付けましょう。E7セルはE6セルを、F7セルはF6セル
をそれぞれコピーして貼り付けます。ここまでできれば、7行目を全てコピー
して適当な期間分貼り付けてみて下さい、**表8.4**では期間11までの表を作っ
てみました。

　さて、**表8.4**のF17セルを見ると、「-419,629.03」とマイナスの値になって
います。F列は期末残額を示していますので、この値がマイナスになっている
ということは払い過ぎを意味します。F17セルが「0」になるように、C17セ
ルの最後の支払金額を修正しましょう。**表8.5**を見て下さい。F17セルの値が
「0」になっています。

　C17セルには、「780,371」と入力されています。11期目にこの金額を支払え
ば良いことになります。E18セルに元本充当額の合計が示されており、当たり
前ですが1,200万円になっています。また、C18セルには支払額の合計が入力さ
れていますが、この金額は先ほどの**表8.3**で示した金額と小数点以下の表記

8.2 離婚に伴う財産分与の例　*171*

(表8.5)

	A	B	C	D	E	F	G
1	元本	12,000,000					
2	支払額	1,200,000					
3	金利	3%					
4							
5		期首残額	支払額	金利充当額	元本充当額	期末残額	
6	0	12,000,000.00	1,200,000.00	0.00	1,200,000.00	10,800,000.00	
7	1	10,800,000.00	1,200,000.00	324,000.00	876,000.00	9,924,000.00	
8	2	9,924,000.00	1,200,000.00	297,720.00	902,280.00	9,021,720.00	
9	3	9,021,720.00	1,200,000.00	270,651.60	929,348.40	8,092,371.60	
10	4	8,092,371.60	1,200,000.00	242,771.15	957,228.85	7,135,142.75	
11	5	7,135,142.75	1,200,000.00	214,054.28	985,945.72	6,149,197.03	
12	6	6,149,197.03	1,200,000.00	184,475.91	1,015,524.09	5,133,672.94	
13	7	5,133,672.94	1,200,000.00	154,010.19	1,045,989.81	4,087,683.13	
14	8	4,087,683.13	1,200,000.00	122,630.49	1,077,369.51	3,010,313.62	
15	9	3,010,313.62	1,200,000.00	90,309.41	1,109,690.59	1,900,623.03	
16	10	1,900,623.03	1,200,000.00	57,018.69	1,142,981.31	757,641.72	
17	11	757,641.72	780,371	22,729.25	757,641.72	0.00	
18		合計支払額	13,980,370.97	1,980,370.97	12,000,000.00		
19							

の違いはありますが、同じになります。どちらの計算方法でも理解しやすい方を使ってみて下さい。

　ここでは、分与対象が不動産だけという簡略化した例を示しました。しかし、実務では他にも、養育費や過去の婚姻費用の精算、住宅ローンが残っている場合にはその処理など、考慮すべき事情は多々あります。ですが、基本的な発想は同じです。事案ごとに想定できる情報をエクセル内に落とし込んで計算すれば、より精密な計算が可能になります。

8.2.3　支払いが滞るリスクを考慮する方法

　これまでは、最後まできちんと支払ってもらえることを前提に計算しましたが、もし、途中で支払われなくなるリスクがある場合、それを考慮するにはどうすれば良いでしょうか。上場会社に勤務しているからといって、収入が安定している、とは言えない時代になっていますが、それでも毎月の安定的な給与がある人とない人では、前者の方が支払能力は安定していると言って良いで

172　第８章　実務上の他の意思決定に応用

しょう。もし、相手の支払能力に疑問があるという場合は、それをどのように反映すれば良いのでしょう。法律の世界では、こんな時のために、期限の利益を喪失させる条項を入れますが、いくら残額を一括で支払ってもらえるという状態になったとしても、実際に支払いを受けられなければただの絵に描いた餅に過ぎません。

　将来の支払いについてのリスクを反映させる１つの方法が、途中で支払額をゼロにしたり、減額する表を作成する方法です。相手の年齢などを考えて、「○○年後に退職するので、退職金で払ってくれれば良いが、それも期待できない場合は、以後支払われなくなる可能性がある。」といった事情を支払額の欄に反映させてしまいます。例えば、支払う側が今55歳で、60歳までは現状のままだが、61歳から何らかの事情で給与が減り支払額が毎年50万円に減り、66歳以降は年金暮らしになるとします。あくまでも私が勝手に作った事情ですが、そのような将来の想定し得る事情を表の中に反映させてしまいます。

(表8.6)

	A	B	C	D	E	F	G
1							
2	支払額	1,200,000					
3	金利	3%					
4							
5		年齢	将来CF	支払額の累積額	現在価値	現在価値の累積額	
6	0	55	1,200,000	1,200,000	1,200,000.00	1,200,000.00	
7	1	56	1,200,000	2,400,000	1,165,048.54	2,365,048.54	
8	2	57	1,200,000	3,600,000	1,131,115.09	3,496,163.63	
9	3	58	1,200,000	4,800,000	1,098,169.99	4,594,333.63	
10	4	59	1,200,000	6,000,000	1,066,184.46	5,660,518.08	
11	5	60	1,200,000	7,200,000	1,035,130.54	6,695,648.62	
12	6	61	500,000	7,700,000	418,742.13	7,114,390.75	
13	7	62	500,000	8,200,000	406,545.76	7,520,936.51	
14	8	63	500,000	8,700,000	394,704.62	7,915,641.13	
15	9	64	500,000	9,200,000	383,208.37	8,298,849.49	
16	10	65	500,000	9,700,000	372,046.96	8,670,896.45	
17	11	66	0	9,700,000	0.00	8,670,896.45	
18	12	67	0	9,700,000	0.00	8,670,896.45	
19							

8.2　離婚に伴う財産分与の例　*173*

　表8.6の網かけの部分を見て下さい。61歳からは支払額が50万円になり、66歳からは０円になる表に修正してみました。この時、支払額の合計は970万円で、現在価値としては約867万円になります。このように支払可能性やリスクを考慮して計算した結果も検討した上で、現時点での意思決定を行います。もし、不動産を取得する側から、今1,200万円を支払うのは無理だが、今1,000万円を一括で支払うことで終わりにしたいという提案があったとします。本来支払われるべき1,200万円には満たないですが、分割払いのリスクを負って毎年の120万円の支払いを受けるよりも、もしかしたら良い和解になるかもしれません。リスクを反映させるもう１つの方法が、キャッシュフローは変えずに、金利をより大きくする方法です。ファイナンスの世界では、よりリスクの高い投資には、より高い割引率を用いて現在価値を計算しますが、それと同じ発想です。先ほど**表8.3**で以下のような結果を示しました。

	A	B	C	D
1				
2	支払額	1,200,000		
3	金利	3%		
4				
5		将来CF	現在価値	
6	0	1,200,000	1,200,000.000	
7	1	1,200,000	1,165,048.544	
8	2	1,200,000	1,131,115.091	
9	3	1,200,000	1,098,169.991	
10	4	1,200,000	1,066,184.457	
11	5	1,200,000	1,035,130.541	
12	6	1,200,000	1,004,981.108	
13	7	1,200,000	975,709.814	
14	8	1,200,000	947,291.081	
15	9	1,200,000	919,700.079	
16	合計	12,000,000	10,543,330.706	
17				

174 第８章　実務上の他の意思決定に応用

　この表の金利を、例えば５％で計算してみましょう。以下のようになります。

（表8.7）

	A	B	C	D
1				
2	支払額	1,200,000		
3	金利	5%		
4				
5		将来CF	現在価値	
6	0	1,200,000	1,200,000.00	
7	1	1,200,000	1,142,857.14	
8	2	1,200,000	1,088,435.37	
9	3	1,200,000	1,036,605.12	
10	4	1,200,000	987,242.97	
11	5	1,200,000	940,231.40	
12	6	1,200,000	895,458.48	
13	7	1,200,000	852,817.60	
14	8	1,200,000	812,207.23	
15	9	1,200,000	773,530.70	
16	合計	12,000,000	9,729,386	
17				
18				

　表8.3を金利５％の表に修正すると以下のようになります。

8.2 離婚に伴う財産分与の例 *175*

(表8.8)

	A	B	C	D	E	F
1						
2	支払額	1,200,000				
3	金利	5%				
4						
5		将来CF	支払額の累積額	現在価値	現在価値の累積額	
6	0	1,200,000	1,200,000	1,200,000.00	1,200,000.00	
7	1	1,200,000	2,400,000	1,142,857.14	2,342,857.14	
8	2	1,200,000	3,600,000	1,088,435.37	3,431,292.52	
9	3	1,200,000	4,800,000	1,036,605.12	4,467,897.64	
10	4	1,200,000	6,000,000	987,242.97	5,455,140.60	
11	5	1,200,000	7,200,000	940,231.40	6,395,372.00	
12	6	1,200,000	8,400,000	895,458.48	7,290,830.48	
13	7	1,200,000	9,600,000	852,817.60	8,143,648.08	
14	8	1,200,000	10,800,000	812,207.23	8,955,855.31	
15	9	1,200,000	12,000,000	773,530.70	9,729,386.01	
16	10	1,200,000	13,200,000	736,695.90	10,466,081.92	
17	11	1,200,000	14,400,000	701,615.15	11,167,697.06	
18	12	1,200,000	15,600,000	668,204.90	11,835,901.96	
19	13	309,431.33	15,909,431	164,098.04	12,000,000.00	
20						

　このような方法で、リスクを反映させた計算結果を踏まえて、分割払いと一括払いのどちらが良いのかを決め、さらには和解条項等にも反映させていくことになります。とはいえ、ここで紹介した計算方法やその結果は、与えられた情報をもとに貨幣価値という観点から整理しただけに過ぎません。ここでの計算結果が法的に絶対に正しいことを示しているわけではありません。実際、当事者は、通常、大小様々な「思い」を抱えており、金銭的にどちらに価値があるのかということよりも、納得感を得ることや、心の整理を付けることの方が重要だったりもします。その意味で、ここで示した計算方法も万能ではありません。あくまでも、ある時点で決断を下す際の1つの指標に過ぎません。ですが、より精密に分析をした上での決断と、そうでない決断では、得られる結果だけでなく、納得感も異なるのではないでしょうか。

176 第 8 章　実務上の他の意思決定に応用

8.3　その他の事案にも応用

　先ほど、離婚に伴う財産分与の例を示しましたが、将来受け取る養育費を今一括で受け取る場合など、どのような法的な紛争でも、「いついくらもらえるのか」といった形で金銭の授受に置き換えることができるのであれば、それらの将来価値や現在価値を計算することで、より緻密な意思決定ができるはずです。また、これまでは請求する側（もらう側）から見た価値を考えてきましたが、請求される側（支払う側）からも同様に「いついくら支払わなければならないのか」を考えることで、支払いを遅らせることの価値を検討することができます。また、支払いを遅らせる（いついくら支払わなければならないか）だけでなく、その資金を別の投資に利用できるのであれば、別の投資から得られるキャッシュフロー（いついくらもらえるのか）も一緒に評価することで、より柔軟な意思決定を行うことができるようになります。ぜひ、みなさんが扱っている案件に応用してみて下さい。

第9章

練習問題
～赤い本掲載裁判例を題材に～

9.1　はじめに

　本章では、赤い本（民事交通事故訴訟損害賠償額算定基準上巻（基準編）2018（平成30年）版）に掲載されている裁判例の中から10件を抜粋して、練習問題として逸失利益を計算してみようと思います。後で解答例として私の作った表とその解説を載せていますが、まずはこれまで学んだ力を試すべく、ご自身の力で表を作成してみてください。10件すべてを検討してから解答例と解説を読んでも良いですし、１件検討する毎に解答例と解説を読んでも構いません。なお、不足している情報については、その都度数値を指示しています。それから、金利は５％と３％の両方で計算してみましょう。

9.2　計算する裁判例

9.2.1　死亡逸失利益の裁判例

【裁判例１】

「中卒居酒屋勤務（女・15歳）につき、賃セ女性学歴計全年齢平均354万円7,200円を基礎とし、18歳から67歳まで49年間認めた（東京地判平25.9.6　交民46・5・1174）」

【裁判例２】

「会社員（男・45歳）につき、60歳定年までは事故年の収入を12ヶ月分に修正した1,444万円余を、その後67歳までは賃セ男性大卒60歳から64歳平均595万5,100円をそれぞれ基礎とし、生活費控除率を30％とした（横浜地判平26.11.6　交民47・6・1385）」

【裁判例３】

「大卒営業職契約社員（女・52歳、独身）につき、死亡時から契約年齢の上限である65歳までは事故前年の年収額777万円余を、その後平均余命の2分の1である69歳までは賃セ女性大卒65歳以上平均年収額732万8,800円をそれぞれ基礎とし、生活費控除率3割とした（東京地判平19.11.28　自保ジ1722・12）」

【裁判例４】

「短大卒銀行員（女・29歳）につき、50歳までの昇給が見込まれるとして、29歳から39歳までは事故前収入381万円余を基礎に、40歳から49歳まで及び50歳から59歳までは、賃セ女性高専・短大卒年齢別平均の40歳の年収額が同29歳の年収額の1.3倍であること、同50歳の年収額が1.36倍であることを考慮して、

180 第9章 練習問題～赤い本掲載裁判例を題材に～

事故前収入に同増加率を乗じたものを基礎に、60歳からは専業主婦として賃セ女性学歴計全年齢平均を基礎に算定し、退職金の逸失利益も認めた（仙台地判平17.7.20　自保ジ1632・20）」

　この裁判例について、赤い本には、60歳からの基礎収入、退職金額と受領年、受給終了年についての情報が記載されていません。そこで、表を作成する際は、「60歳からは専業主婦として賃セ女性学歴計全年齢平均」を「賃金センサス平成29年第1巻第1表（抜粋）・年収額付」記載の「3,778.2千円」、退職金を2,000万円、受領年を60歳、受給終了年を67歳として計算してみてください。

9.2.2　後遺症逸失利益の裁判例

【裁判例5】

　「主婦（固定時66歳）の左膝関節機能障害（12級7号）、左肩痛（14級9号、併合12級）につき、夫、子及び夫の母と同居し、家事全般に従事するほかシルバー人材センターの業務に携わっていたことに照らすと、66歳に達した後においても相当程度の家事に従事することが見込まれたとして、賃セ女性学歴計全年齢平均の90％である314万100円を基礎に10年間認めた（名古屋地判平26.1.16自保ジ1920・143）」

【裁判例6】

　「高校卒業後海外留学予定者（女・固定時21歳）の背部痛、腰痛を含む脊柱変形（8級相当）につき、アルバイトや大学での授業に支障を生じており、脊柱変形が器質的異常により脊柱の支持性と運動性の機能を減少させ、局所等に疼痛を生じさせうるものであることを考慮し、賃セ女性大学・大学院卒全年齢平均448万2,400円を基礎に、大学卒業予定の24歳から67歳まで45％の労働能力喪失を認めた（さいたま地判平27.4.7　交民48・2・489）」

9.2 計算する裁判例　*181*

【裁判例７】

「タクシー乗務員（男・固定時68歳）の右肩関節機能障害（10級10号）につき、会社の就業規則では定年後65歳まで再雇用とされているが、満71歳の乗務員も在籍していることなどから、就労可能年数を平均余命の２分の１（８年間）、基礎収入を70歳までの２年間は事故時収入356万円余、その後の６年間は賃セ男性高卒70歳以上平均286万1,900円とした（東京地判平25.7.29　自保ジ1908・79）」

【裁判例８】

「会社員（男・固定時29歳）の右手関節可動域制限（10級10号）につき、事故後退職してコンピューター専門学校で修学後、契約社員となり、減収はないが、疼痛を我慢していること、１年間の契約社員で継続雇用が不確定な状況から、事故時の収入は約330万円であるが賃セ男性学歴計全年齢平均547万8,100円を基礎に、当初10年間は27％、その後の28年間は14％の労働能力喪失を認めた（名古屋地判平17・4・13　自保ジ1609・6）」

【裁判例９】

「会社員（男・固定時27歳）の脊柱変形（11級７号）、右手関節可動域制限及び右手首痛（12級６号、併合10級）につき、年齢、経歴（専門学校卒）、実収入額を総合考慮すると、将来にわたり賃セ男性高卒全年齢平均458万8,900円を得る蓋然性があるとして、同収入を基礎としたうえで、脊柱変形による疼痛は次第に緩解するものとして、固定日から10年間は27％、その後10年間は22％、さらにその後20年間は17％の労働能力喪失を認めた（東京地判平27.2.24　自保ジ1947・92）」

【裁判例10】

「無職者（男・固定時32歳）の脾臓摘出（13級11号）、右膝痛等（12級13号）等（併合11級）につき、症状固定までに就労の蓋然性があったとし、事故の１

182　第９章　練習問題〜赤い本掲載裁判例を題材に〜

年２か月前の前職の給与の90％である419万円余を基礎に、脾臓喪失について
は具体的労働能力喪失がないとは到底解せないが、他の後遺障害が神経症状で
あり、一定期間で馴化する面もあるとして、当初15年間は20％、その後の20年
間は９％の労働能力喪失を認めた（大阪地判平25.8.29　交民46・４・1146)」

9.3 解答例と解説

9.3.1 死亡逸失利益の裁判例

【裁判例1】

「中卒居酒屋勤務（女・15歳）につき、賃セ女性学歴計全年齢平均354万円7,200円を基礎とし、18歳から67歳まで49年間認めた（東京地判平25.9.6 交民46・5・1174)」

表の作り方は次の通りです。Ｂ２セルに基礎収入額の「3,547,200」、Ｂ３セルに金利の「5％」を入力します。これらのセルを適宜参照させます。Ａ列には期間、Ｂ列には年齢、Ｃ列には収入額、Ｄ列には現在価値をそれぞれ入力していきます。具体的には、Ａ６セルに「０」、Ｂ６セルに「15」、Ｃ６セルからＣ８セルには「０」と入力します。Ａ７セルに「A6+1」、Ｂ７セルに「B6+1」と入力し、これらのセルをコピーして67歳になるまで貼り付けます。Ｃ９セルに「=$B$2」、Ｄ６セルに「=C6/(1+$B$3)^A6」と入力し、これらをコピーして67歳のセルまで貼り付けます。Ｄ３セルに計算結果という項目がありますが、これは現在価値の合計金額です。Ｄ３セルには「D=59」と入力してあります。

184 第９章 練習問題〜赤い本掲載裁判例を題材に〜

（表9.1）

	A	B	C	D	E	
1						
2	基礎収入	3,547,200		計算結果		
3	金利	5.00%		58,736,888		
4						
5	期間	年齢	基礎収入	現在価値		
6	0	15	0	0.00		
7	1	16	0	0.00		
8	2	17	0	0.00		
9	3	18	3,547,200	3,064,204.73		
10	4	19	3,547,200	2,918,290.22		
11	5	20	3,547,200	2,779,324.02		
12	6	21	3,547,200	2,646,975.25		
13	7	22	3,547,200	2,520,928.81		
14	8	23	3,547,200	2,400,884.58		
15	9	24	3,547,200	2,286,556.75		
16	10	25	3,547,200	2,177,673.09		
17	11	26	3,547,200	2,073,974.37		
18	12	27	3,547,200	1,975,213.69		
19	13	28	3,547,200	1,881,155.90		
20	14	29	3,547,200	1,791,577.04		
21	15	30	3,547,200	1,706,263.85		
22	16	31	3,547,200	1,625,013.19		
23	17	32	3,547,200	1,547,631.61		
24	18	33	3,547,200	1,473,934.87		
25	19	34	3,547,200	1,403,747.49		
26	20	35	3,547,200	1,336,902.37		
27	21	36	3,547,200	1,273,240.36		

途中は省略しますが、67歳までの表は以下の通りです。

9.3 解答例と解説　*185*

(表9.2)

	A	B	C	D	E	F
36	30	45	3,547,200	820,742.09		
37	31	46	3,547,200	781,659.13		
38	32	47	3,547,200	744,437.27		
39	33	48	3,547,200	708,987.87		
40	34	49	3,547,200	675,226.55		
41	35	50	3,547,200	643,072.90		
42	36	51	3,547,200	612,450.38		
43	37	52	3,547,200	583,286.08		
44	38	53	3,547,200	555,510.55		
45	39	54	3,547,200	529,057.67		
46	40	55	3,547,200	503,864.44		
47	41	56	3,547,200	479,870.90		
48	42	57	3,547,200	457,019.90		
49	43	58	3,547,200	435,257.05		
50	44	59	3,547,200	414,530.53		
51	45	60	3,547,200	394,790.98		
52	46	61	3,547,200	375,991.41		
53	47	62	3,547,200	358,087.05		
54	48	63	3,547,200	341,035.29		
55	49	64	3,547,200	324,795.51		
56	50	65	3,547,200	309,329.06		
57	51	66	3,547,200	294,599.11		
58	52	67	3,547,200	280,570.58		
59			177,360,000	58,736,888		
60						

186　第９章　練習問題～赤い本掲載裁判例を題材に～

表9.3は、金利を３％にした場合の計算結果です。５％との差額は約2,800万円になります。

（表9.3）

	A	B	C	D	E	F
1						
2	基礎収入	3,547,200		計算結果		
3	金利	3.00%		86,029,427		
4						
5	期間	年齢	基礎収入	現在価値		
6	0	15	0	0.00		
7	1	16	0	0.00		
8	2	17	0	0.00		
9	3	18	3,547,200	3,246,190.49		
10	4	19	3,547,200	3,151,641.26		
11	5	20	3,547,200	3,059,845.88		
12	6	21	3,547,200	2,970,724.16		
13	7	22	3,547,200	2,884,198.21		
14	8	23	3,547,200	2,800,192.44		

【裁判例２】

　「会社員（男・45歳）につき、60歳定年までは事故年の収入を12ヶ月分に修正した1,444万円余を、その後67歳までは賃セ男性大卒60歳から64歳平均595万5,100円をそれぞれ基礎とし、生活費控除率を30％とした（横浜地判平26.11.6　交民47・6・1385）」

　表の作り方は次の通りです。裁判例１との違いは、61歳から基礎収入が変わる点ですので、それを反映させた表を作成します。Ｂ２セルに60歳までの基礎収入額の「14,440.000」、Ｂ３セルに61歳から67歳までの基礎収入額の「5,955,100」、Ｂ４セルに金利の「５％」を入力します。これらのセルを適宜参照させます。Ａ列には期間、Ｂ列には年齢、Ｃ列には収入額、Ｄ列には現在価値をそれぞれ入力していきます。具体的には、Ａ７セルに「０」、Ｂ７セルに「45」、Ｃ７セルに「０」と入力します。Ａ８セルに「A7+1」、Ｂ８セルに

9.3 解答例と解説　*187*

「B7+1」と入力し、これらのセルをコピーして67歳になるまで貼り付けます。
C8セルに「=$B$2」と入力し、これをコピーして60歳まで貼り付けます。
C23セルに「=$B$3」と入力し、これをコピーして67歳まで貼り付けます。

（表9.4）

	A	B	C	D	E	F
1						
2	60歳まで	14,440,000		計算結果		
3	61〜67歳まで	5,955,100		166,457,357		
4	金利	5.00%				
5						
6	期間	年齢	基礎収入額	現在価値		
7	0	45	0	0.00		
8	1	46	14,440,000	13,752,380.95		
9	2	47	14,440,000	13,097,505.67		
10	3	48	14,440,000	12,473,814.92		
11	4	49	14,440,000	11,879,823.74		
12	5	50	14,440,000	11,314,117.84		
13	6	51	14,440,000	10,775,350.33		
14	7	52	14,440,000	10,262,238.41		
15	8	53	14,440,000	9,773,560.39		
16	9	54	14,440,000	9,308,152.75		
17	10	55	14,440,000	8,864,907.38		
18	11	56	14,440,000	8,442,768.93		
19	12	57	14,440,000	8,040,732.32		
20	13	58	14,440,000	7,657,840.30		
21	14	59	14,440,000	7,293,181.24		
22	15	60	14,440,000	6,945,886.90		
23	16	61	5,955,100	2,728,099.92		
24	17	62	5,955,100	2,598,190.40		
25	18	63	5,955,100	2,474,467.05		
26	19	64	5,955,100	2,356,635.29		
27	20	65	5,955,100	2,244,414.56		
28	21	66	5,955,100	2,137,537.68		
29	22	67	5,955,100	2,035,750.17		
30			258,285,700	166,457,357		

188　第９章　練習問題〜赤い本掲載裁判例を題材に〜

Ｄ７セルに「＝C7/(1+$B$4)^A7」と入力し、これらをコピーして67歳のセルまで貼り付けます。Ｄ３セルの計算結果は現在価値の合計金額です。

　金利を３％にすると、以下の金額になります。

(表9.5)

	A	B	C	D	E	F	G
1							
2	60歳まで	14,440,000		計算結果			
3	61〜67歳まで	5,955,100		196,198,118			
4	金利	3.00%					
5							
6	期間	年齢	基礎収入額	現在価値			
7	0	45	0	0.00			
8	1	46	14,440,000	14,019,417.48			
9	2	47	14,440,000	13,611,084.93			
10	3	48	14,440,000	13,214,645.56			
11	4	49	14,440,000	12,829,752.97			
12	5	50	14,440,000	12,456,070.85			

【裁判例３】

　「大卒営業職契約社員（女・52歳、独身）につき、死亡時から契約年齢の上限である65歳までは事故前年の年収額777万円余を、その後平均余命の２分の１である69歳までは賃セ女性大卒65歳以上平均年収額732万8,800円をそれぞれ基礎とし、生活費控除率３割とした（東京地判平19.11.28　自保ジ1722・12）」

　表の作り方は次の通りです。裁判例２との違いは、生活費控除率を考慮する点ですので、それを反映させた表を作成します。Ｂ２セルに65歳までの基礎収入額「7,770,000」、Ｂ３セルに66歳から69歳までの基礎収入額「7,328,800」、Ｂ４セルに金利「５％」、Ｄ３セルに生活費控除率「30%」を入力します。これらのセルを適宜参照させます。Ａ列には期間、Ｂ列には年齢、Ｃ列には収入額、Ｄ列には生活費控除金額（Ｃ列に生活費控除率をかけた値）、Ｅ列には収

9.3 解答例と解説　*189*

入額から生活費控除額を引いた金額（C列からD列を引いた値）、F列には現在価値をそれぞれ入力していきます。具体的には、A7セルに「0」、B7セルに「52」、C7セルに「0」と入力します。A8セルに「A7+1」、B8セルに「B7+1」と入力し、これらのセルをコピーして69歳になるまで貼り付けます。C8セルに「=$B$2」と入力し、これをコピーして65歳まで貼り付けます。C21セルに「=$B$3」と入力し、これをコピーして67歳まで貼り付けます。D7セルに「=C7*$D$3」、E7セルに「=C7-D7」、F7セルに「=E7/(1+$B$4)^A7」と入力し、これらをコピーして69歳のセルまで貼り付けます。F3セルの計算結果は現在価値の合計金額です。

（表9.6）

	A	B	C	D	E	F	G
1							
2	65歳まで	7,770,000		生活費控除率		計算結果	
3	66～69歳まで	7,328,800		30%		86,769,821	
4	金利	5.00%					
5							
6	期間	年齢	基礎収入額	生活費控除	控除後金額	現在価値	
7	0	52	0	0	0	0.00	
8	1	53	7,770,000	2,331,000	5,439,000	7,400,000.00	
9	2	54	7,770,000	2,331,000	5,439,000	7,047,619.05	
10	3	55	7,770,000	2,331,000	5,439,000	6,712,018.14	
11	4	56	7,770,000	2,331,000	5,439,000	6,392,398.23	
12	5	57	7,770,000	2,331,000	5,439,000	6,087,998.31	
13	6	58	7,770,000	2,331,000	5,439,000	5,798,093.63	
14	7	59	7,770,000	2,331,000	5,439,000	5,521,993.94	
15	8	60	7,770,000	2,331,000	5,439,000	5,259,041.84	
16	9	61	7,770,000	2,331,000	5,439,000	5,008,611.28	
17	10	62	7,770,000	2,331,000	5,439,000	4,770,105.98	
18	11	63	7,770,000	2,331,000	5,439,000	4,542,958.08	
19	12	64	7,770,000	2,331,000	5,439,000	4,326,626.74	
20	13	65	7,770,000	2,331,000	5,439,000	4,120,596.89	
21	14	66	7,328,800	2,198,640	5,130,160	3,701,542.01	
22	15	67	7,328,800	2,198,640	5,130,160	3,525,278.11	
23	16	68	7,328,800	2,198,640	5,130,160	3,357,407.72	
24	17	69	7,328,800	2,198,640	5,130,160	3,197,531.16	
25			130,325,200	39,097,560	91,227,640	86,769,821	
26							
27							

190 第９章 練習問題～赤い本掲載裁判例を題材に～

金利を３％にすると、以下の金額になります。

(表9.7)

	A	B	C	D	E	F
1						
2	65歳まで	7,770,000		生活費控除率		計算結果
3	66～69歳まで	7,328,800		30%		101,183,991
4	金利	3.00%				
5						
6	期間	年齢	基礎収入額	生活費控除	控除後金額	現在価値
7	0	52	0	0	0	0.00
8	1	53	7,770,000	2,331,000	5,439,000	7,543,689.32
9	2	54	7,770,000	2,331,000	5,439,000	7,323,970.21
10	3	55	7,770,000	2,331,000	5,439,000	7,110,650.69
11	4	56	7,770,000	2,331,000	5,439,000	6,903,544.36

【裁判例４】

　「短大卒銀行員（女・29歳）につき、50歳までの昇給が見込まれるとして、29歳から39歳までは事故前収入381万円余を基礎に、40歳から49歳まで及び50歳から59歳までは、賃セ女性高専・短大卒年齢別平均の40歳の年収額が同29歳の年収額の1.3倍であること、同50歳の年収額が1.36倍であることを考慮して、事故前収入に同増加率を乗じたものを基礎に、60歳からは専業主婦として賃セ女性学歴計全年齢平均を基礎に算定し、退職金の逸失利益も認めた（仙台地判平17.7.20　自保ジ1632・20）」

　まず、表を作る前に注意点です。この裁判例について、赤い本には、60歳からの基礎収入、退職金額と受領年、受給終了年についての情報が記載されていませんでした。そこで、以下で表を作成する際は、「60歳からは専業主婦として賃セ女性学歴計全年齢平均」を「賃金センサス平成29年第１巻第１表（抜粋）・年収額付」記載の「3,778.2千円」、退職金を2,000万円、受領年を60歳、受給終了年を67歳として計算しています。

　裁判例３との違いは、生活費控除率を考慮しない点ですので、それを反映さ

せます。また、複数の収入があるのは裁判例３と同じですが、同じ年に複数の収入を得る点が異なります。どういうことかというと、退職金を他の収入（ここでは60歳の基礎収入）と同じ年に受領します。このように、同時に２つの収入を得る場合は、各収入をそれぞれ別の列に入力すると良いと思います。一部のセルだけを他のセルと異なる入力内容にしてしまうと、表を作った人は良いのですが、第三者が見たときに理解しにくいからです。

　では具体的に入力内容を見ていきましょう。まず、Ａ３セルに金利「５％」、Ｃ４セルに29歳から39歳までの基礎収入額「3,810,000」を入力します。Ｄ３セルとＥ３セルには倍率としてそれぞれ「1.3」と「1.36」を入力します。この倍率を、29歳から39歳までの基礎収入額にかけることで、40歳から49歳、50歳から59歳までの基礎収入額を計算します。具体的には、Ｄ４セルに「=$C$4*D3」と入力し、これをコピーしてＥ４セルに貼り付けます。Ｆ４セルには賃金センサスの値「3,778,200」、Ｇ４セルには退職金「20,000,000」を入力します。これらの入力内容を適宜参照させます。

　これで逸失利益を計算する情報が整理されました。次は、これらをいつ受領するのかという表に落とし込んでいきましょう。

　Ａ列には期間、Ｂ列には年齢、Ｃ列からＦ列は各年齢に応じた収入額、Ｇ列には退職金、Ｈ列には各年の収入合計、Ｉ列には現在価値の計算をそれぞれ入力します。具体的には、Ａ７セルに「0」、Ｂ７セルに「29」と入力します。Ａ８セルに「A7+1」、Ｂ８セルに「B7+1」と入力し、これらのセルをコピーして67歳になるまで貼り付けます。Ｃ列からＧ列には、いつからいつまで受領するのかに注意しながら、適宜対応する基礎収入額を参照させて入力します。詳細は省略します。Ｈ７セルに「=SUM(C7:G7)」、Ｉ７セルに「=H7/(1+$A$3)^A7」と入力し、これらのセルをコピーして67歳になるまで貼り付けます。Ｉ３セルの計算結果は現在価値の合計金額です。

192　第9章　練習問題〜赤い本掲載裁判例を題材に〜

(表9.8)

	A	B	C	D	E	F	G	H	I
1									
2	金利	基礎収入額	29~39	40~49	50~59	60~67	退職金		計算結果
3	5.00%	上昇率		1.3	1.36				78,036,355
4		基礎収入額	3,810,000	4,953,000	5,181,600	3,778,200	20,000,000		
5									
6	期間	年齢	29~39	40~49	50~59	60~67	退職金	合計	現在価値
7	0	29	0	0	0	0	0	0	0
8	1	30	3,810,000	0	0	0	0	3,810,000	3,628,571
9	2	31	3,810,000	0	0	0	0	3,810,000	3,455,782
10	3	32	3,810,000	0	0	0	0	3,810,000	3,291,221
11	4	33	3,810,000	0	0	0	0	3,810,000	3,134,496
12	5	34	3,810,000	0	0	0	0	3,810,000	2,985,235
13	6	35	3,810,000	0	0	0	0	3,810,000	2,843,081
14	7	36	3,810,000	0	0	0	0	3,810,000	2,707,696
15	8	37	3,810,000	0	0	0	0	3,810,000	2,578,758
16	9	38	3,810,000	0	0	0	0	3,810,000	2,455,960
17	10	39	3,810,000	0	0	0	0	3,810,000	2,339,009
18	11	40	0	4,953,000	0	0	0	4,953,000	2,895,917
19	12	41	0	4,953,000	0	0	0	4,953,000	2,758,016
20	13	42	0	4,953,000	0	0	0	4,953,000	2,626,682
21	14	43	0	4,953,000	0	0	0	4,953,000	2,501,602
22	15	44	0	4,953,000	0	0	0	4,953,000	2,382,478
23	16	45	0	4,953,000	0	0	0	4,953,000	2,269,026
24	17	46	0	4,953,000	0	0	0	4,953,000	2,160,977
25	18	47	0	4,953,000	0	0	0	4,953,000	2,058,074
26	19	48	0	4,953,000	0	0	0	4,953,000	1,960,070
27	20	49	0	4,953,000	0	0	0	4,953,000	1,866,734
28	21	50	0	0	5,181,600	0	0	5,181,600	1,859,896
29	22	51	0	0	5,181,600	0	0	5,181,600	1,771,329

途中は省略しますが、67歳までの表は以下の通りです。

(表9.9)

	A	B	C	D	E	F	G	H	I	J
35	28	57	0	0	5,181,600	0	0	5,181,600	1,321,793	
36	29	58	0	0	5,181,600	0	0	5,181,600	1,258,851	
37	30	59	0	0	5,181,600	0	0	5,181,600	1,198,905	
38	31	60	0	0	0	3,778,200	20,000,000	23,778,200	5,239,752	
39	32	61	0	0	0	3,778,200	0	3,778,200	792,916	
40	33	62	0	0	0	3,778,200	0	3,778,200	755,158	
41	34	63	0	0	0	3,778,200	0	3,778,200	719,199	
42	35	64	0	0	0	3,778,200	0	3,778,200	684,951	
43	36	65	0	0	0	3,778,200	0	3,778,200	652,334	
44	37	66	0	0	0	3,778,200	0	3,778,200	621,271	
45	38	67	0	0	0	3,778,200	0	3,778,200	591,686	
46			38,100,000	49,530,000	51,816,000	30,225,600	20,000,000	189,671,600	78,036,355	
47										

9.3 解答例と解説 *193*

金利を３％にすると、以下の金額になります。

(表9. 10)

	A	B	C	D	E	F	G	H	I	J
1										
2	金利	基礎収入額	29~39	40~49	50~59	60~67	退職金		計算結果	
3	3.00%	上昇率		1.3	1.36				107,337,008	
4		基礎収入額	3,810,000	4,953,000	5,181,600	3,778,200	20,000,000			
5										
6	期間	年齢	29~39	40~49	50~59	60~67	退職金	合計	現在価値	
7	0	29	0	0	0	0	0	0	0	
8	1	30	3,810,000	0	0	0	0	3,810,000	3,699,029	
9	2	31	3,810,000	0	0	0	0	3,810,000	3,591,290	
10	3	32	3,810,000	0	0	0	0	3,810,000	3,486,690	
11		33	3,810,000					3,810,000	3,385,136	

9.3.2 後遺症逸失利益の裁判例

【裁判例５】

　「主婦（固定時66歳）の左膝関節機能障害（12級７号）、左肩痛（14級９号、併合12級）につき、夫、子及び夫の母と同居し、家事全般に従事するほかシルバー人材センターの業務に携わっていたことに照らすと、66歳に達した後においても相当程度の家事に従事することが見込まれたとして、賃セ女性学歴計全年齢平均の90％である314万100円を基礎に10年間認めた（名古屋地判平26.1.16　自保ジ1920・143)」

　表の作り方は次の通りです。Ｂ２セルに基礎収入額の「3,140,100」、Ｂ３セルに金利の「５％」を入力します。これらのセルを適宜参照させます。Ａ列には期間、Ｂ列には年齢、Ｃ列には収入額、Ｄ列には現在価値をそれぞれ入力していきます。具体的には、Ａ７セルに「０」、Ｂ７セルに「66」、Ｃ７セルには「０」と入力します。Ａ８セルに「A7+1」、Ｂ８セルに「B7+1」と入力し、これらのセルをコピーして10年間分（76歳になるまで）貼り付けます。Ｃ８セルに「=$B$2」、Ｄ７セルに「=C7/(1+$B$3)^A7」と入力し、これらをコピーして10年間分貼り付けます。Ｄ３セルの計算結果は現在価値の合計金額です。

194 第９章　練習問題～赤い本掲載裁判例を題材に～

（表9.11）

	A	B	C	D	E
1					
2	基礎収入	3,140,100		計算結果	
3	金利	5.00%		24,247,020	
4					
5					
6	期間	年齢	基礎収入	現在価値	
7	0	66	0	0.00	
8	1	67	3,140,100	2,990,571.43	
9	2	68	3,140,100	2,848,163.27	
10	3	69	3,140,100	2,712,536.44	
11	4	70	3,140,100	2,583,368.04	
12	5	71	3,140,100	2,460,350.52	
13	6	72	3,140,100	2,343,190.97	
14	7	73	3,140,100	2,231,610.44	
15	8	74	3,140,100	2,125,343.28	
16	9	75	3,140,100	2,024,136.46	
17	10	76	3,140,100	1,927,749.01	
18			31,401,000	24,247,020	
19					

9.3 解答例と解説 *195*

金利を3%にすると、以下の金額になります。

(表9.12)

	A	B	C	D	E
1					
2	基礎収入	3,140,100		計算結果	
3	金利	3.00%		26,785,690	
4					
5					
6	期間	年齢	基礎収入	現在価値	
7	0	66	0	0.00	
8	1	67	3,140,100	3,048,640.78	
9	2	68	3,140,100	2,959,845.41	
10	3	69	3,140,100	2,873,636.32	
11	4	70	3,140,100	2,789,938.18	
12	5	71	3,140,100	2,708,677.84	
13	6	72	3,140,100	2,629,784.31	
14	7	73	3,140,100	2,553,188.65	
15	8	74	3,140,100	2,478,823.94	
16	9	75	3,140,100	2,406,625.18	
17	10	76	3,140,100	2,336,529.30	
18			31,401,000	26,785,690	
19					

【裁判例6】

「高校卒業後海外留学予定者（女・固定時21歳）の背部痛、腰痛を含む脊柱変形（8級相当）につき、アルバイトや大学での授業に支障を生じており、脊柱変形が器質的異常により脊柱の支持性と運動性の機能を減少させ、局所等に疼痛を生じさせうるものであることを考慮し、賃セ女性大学・大学院卒全年齢平均448万2,400円を基礎に、大学卒業予定の24歳から67歳まで45%の労働能力喪失を認めた（さいたま地判平27.4.7　交民48・2・489)」

表の作り方は次の通りです。裁判例5との違いは、労働能力喪失率が45%あ

196 第9章 練習問題～赤い本掲載裁判例を題材に～

る点ですので、それを反映させた表を作成します。B2セルに基礎収入額「4,482,400」、B3セルに金利「5%」、B4セルに労働能力喪失率「45%」を入力します。これらのセルを適宜参照させます。A列には期間、B列には年齢、C列には収入額をそれぞれ入力します。D列には喪失金額として、C列の値に労働能力喪失率をかけた金額を入力します。E列には現在価値を入力します。

　具体的には、A7セルに「0」、B7セルに「21」、C7セルからC9セルに「0」と入力します。A8セルに「A7+1」、B8セルに「B7+1」と入力し、こ

(表9.13)

	A	B	C	D	E	F
1						
2	基礎収入	4,482,400			計算結果	
3	金利	5.00%			32,314,945	
4	労働能力喪失率	45.00%				
5						
6	期間	年齢	基礎収入	喪失金額	現在価値	
7	0	21	0	0	0.00	
8	1	22	0	0	0.00	
9	2	23	0	0	0.00	
10	3	24	4,482,400	2,017,080	1,742,429.54	
11	4	25	4,482,400	2,017,080	1,659,456.71	
12	5	26	4,482,400	2,017,080	1,580,434.96	
13	6	27	4,482,400	2,017,080	1,505,176.15	
14	7	28	4,482,400	2,017,080	1,433,501.10	
15	8	29	4,482,400	2,017,080	1,365,239.14	
16	9	30	4,482,400	2,017,080	1,300,227.75	
17	10	31	4,482,400	2,017,080	1,238,312.15	
18	11	32	4,482,400	2,017,080	1,179,344.90	
19	12	33	4,482,400	2,017,080	1,123,185.62	
20	13	34	4,482,400	2,017,080	1,069,700.59	
21	14	35	4,482,400	2,017,080	1,018,762.47	
22	15	36	4,482,400	2,017,080	970,249.97	
23	16	37	4,482,400	2,017,080	924,047.59	
24	17	38	4,482,400	2,017,080	880,045.32	
25	18	39	4,482,400	2,017,080	838,138.40	
26	19	40	4,482,400	2,017,080	798,227.05	
27	20	41	4,482,400	2,017,080	760,216.24	
28	21	42	4,482,400	2,017,080	724,015.46	

9.3　解答例と解説　*197*

れらのセルをコピーして67歳になるまで貼り付けます。C10セルに「=B 2」
と入力し、これをコピーして67歳まで貼り付けます。D 7 セル「=C7*$B$4」、
E 7 セルに「=D7/(1+$B$3)^A7」と入力し、これらをコピーして67歳のセル
まで貼り付けます。E 3 セルの計算結果は現在価値の合計金額です。

　途中は省略しますが、67歳までの表は以下の通りです。

(表9.14)

	A	B	C	D	E	F
38	31	52	4,482,400	2,017,080	444,482.69	
39	32	53	4,482,400	2,017,080	423,316.85	
40	33	54	4,482,400	2,017,080	403,158.90	
41	34	55	4,482,400	2,017,080	383,960.86	
42	35	56	4,482,400	2,017,080	365,677.01	
43	36	57	4,482,400	2,017,080	348,263.82	
44	37	58	4,482,400	2,017,080	331,679.83	
45	38	59	4,482,400	2,017,080	315,885.55	
46	39	60	4,482,400	2,017,080	300,843.38	
47	40	61	4,482,400	2,017,080	286,517.50	
48	41	62	4,482,400	2,017,080	272,873.81	
49	42	63	4,482,400	2,017,080	259,879.82	
50	43	64	4,482,400	2,017,080	247,504.59	
51	44	65	4,482,400	2,017,080	235,718.66	
52	45	66	4,482,400	2,017,080	224,493.96	
53	46	67	4,482,400	2,017,080	213,803.77	
54			197,225,600	88,751,520	32,314,945	
55						

198　第9章　練習問題～赤い本掲載裁判例を題材に～

金利を3％にすると、以下の金額になります。

（表9.15）

	A	B	C	D	E	F
1						
2	基礎収入	4,482,400			計算結果	
3	金利	3.00%			46,114,441	
4	労働能力喪失率	45.00%				
5						
6	期間	年齢	基礎収入	喪失金額	現在価値	
7	0	21	0	0	0.00	
8	1	22	0	0	0.00	
9	2	23	0	0	0.00	
10	3	24	4,482,400	2,017,080	1,845,913.94	
11	4	25	4,482,400	2,017,080	1,792,149.45	

【裁判例7】

　「タクシー乗務員（男・固定時68歳）の右肩関節機能障害（10級10号）に
つき、会社の就業規則では定年後65歳まで再雇用とされているが、満71歳の
乗務員も在籍していることなどから、就労可能年数を平均余命の2分の1
（8年間）、基礎収入を70歳までの2年間は事故時収入356万円余、その後の
6年間は賃セ男性高卒70歳以上平均286万1,900円とした（東京地判平25.7.29
自保ジ1908・79）」

　表の作り方は次の通りです。労働能力喪失率の記載はありませんので、裁判
例6で作った表から削除しても良いです。しかし、後々、労働能力喪失率を反
映させた表の提出を求められることもあると思います。そのようなときに直ぐ
に作成できるように、裁判例6で作った表を利用してみようと思います。また
裁判例6との違いは、途中で基礎収入が変わる点ですので、それも反映させた
表を作成します。
　具体的には、B2セルに70歳までの基礎収入額「3,560,000」、C2セルに71歳

から76歳までの基礎収入額「2,861,900」、B3セルに金利「5％」、B4セルに労働能力喪失率「100％」を入力します。これらのセルを適宜参照させます。

A列からE列に入力する項目は、裁判例6と同じです。A7セルに「0」、B7セルに「68」、C7セルに「0」と入力します。A8セルに「A7+1」、B8セルに「B7+1」と入力し、これらのセルをコピーして70歳になるまで貼り付けます。C8セルに「=$B$2」と入力し、これをコピーして2年間分（70歳の年まで）貼り付けます。C10セルに「=$C$2」と入力し、これをコピーして6年間分（76歳の年まで）貼り付けます。D7セルに「=C7*$B$4」、E7セルに「=D7/(1+$B$3)^A7」と入力し、これらをコピーして8期間分（76歳のセルまで）貼り付けます。E3セルの計算結果は現在価値の合計金額です。

(表9.16)

	A	B	C	D	E	F
1		70歳まで	71～76歳まで			
2	基礎収入	3,560,000	2,861,900		計算結果	
3	金利	5.00%			19,795,123	
4	労働能力喪失率	100.00%				
5						
6	期間	年齢	基礎収入	喪失金額	現在価値	
7	0	68	0	0	0.00	
8	1	69	3,560,000	3,560,000	3,390,476.19	
9	2	70	3,560,000	3,560,000	3,229,024.94	
10	3	71	2,861,900	2,861,900	2,472,216.82	
11	4	72	2,861,900	2,861,900	2,354,492.21	
12	5	73	2,861,900	2,861,900	2,242,373.54	
13	6	74	2,861,900	2,861,900	2,135,593.84	
14	7	75	2,861,900	2,861,900	2,033,898.90	
15	8	76	2,861,900	2,861,900	1,937,046.57	
16			24,291,400	24,291,400	19,795,123	
17						

金利を3％にすると、以下の金額になります。

200 第9章 練習問題～赤い本掲載裁判例を題材に～

(表9.17)

	A	B	C	D	E	F
1		70歳まで	71～76歳まで			
2	基礎収入	3,560,000	2,861,900		計算結果	
3	金利	3.00%			21,425,450	
4	労働能力喪失率	100.00%				
5						
6	期間	年齢	基礎収入	喪失金額	現在価値	
7	0	68	0	0	0.00	
8	1	69	3,560,000	3,560,000	3,456,310.68	
9	2	70	3,560,000	3,560,000	3,355,641.44	
10	3	71	2,861,900	2,861,900	2,619,043.91	
11	4	72	2,861,900	2,861,900	2,542,761.08	
12	5	73	2,861,900	2,861,900	2,468,700.08	
13	6	74	2,861,900	2,861,900	2,396,796.19	
14	7	75	2,861,900	2,861,900	2,326,986.60	
15	8	76	2,861,900	2,861,900	2,259,210.29	
16			24,291,400	24,291,400	21,425,450	
17						

　もし、労働能力喪失率が50％の表を作りたければＢ４セルの数値を変更すれば出来上がりです（**表9.18**参照）。金利は３％で計算しています。

9.3 解答例と解説 *201*

(表9.18)

	A	B	C	D	E	F
1		70歳まで	71〜76歳まで			
2	基礎収入	3,560,000	2,861,900		計算結果	
3	金利	3.00%			10,712,725	
4	労働能力喪失率	50.00%				
5						
6	期間	年齢	基礎収入	喪失金額	現在価値	
7	0	68	0	0	0.00	
8	1	69	3,560,000	1,780,000	1,728,155.34	
9	2	70	3,560,000	1,780,000	1,677,820.72	
10	3	71	2,861,900	1,430,950	1,309,521.96	
11	4	72	2,861,900	1,430,950	1,271,380.54	
12	5	73	2,861,900	1,430,950	1,234,350.04	
13	6	74	2,861,900	1,430,950	1,198,398.10	
14	7	75	2,861,900	1,430,950	1,163,493.30	
15	8	76	2,861,900	1,430,950	1,129,605.14	
16			24,291,400	12,145,700	10,712,725	
17						

【裁判例 8 】

　「会社員（男・固定時29歳）の右手関節可動域制限（10級10号）につき、事故後退職してコンピューター専門学校で修学後、契約社員となり、減収はないが、疼痛を我慢していること、１年間の契約社員で継続雇用が不確定な状況から、事故時の収入は約330万円であるが賃セ男性学歴計全年齢平均547万8,100円を基礎に、当初10年間は27％、その後の28年間は14％の労働能力喪失を認めた（名古屋地判平17・4・13　自保ジ1609・6）」

　表の作り方は次の通りです。この裁判例では、労働能力喪失率が途中で変わりますので、それを反映させた表を作成します。Ｂ２セルに基礎収入額「5,478,100」、Ｂ３セルに金利「５％」、Ｂ４セルに当初10年間の労働能力喪失率「27%」、Ｂ５セルにその後28年間の労働能力喪失率「14%」を入力します。これらのセルを適宜参照させます。Ａ列には期間、Ｂ列には年齢、Ｃ列には収入

202 第９章　練習問題～赤い本掲載裁判例を題材に～

額をそれぞれ入力します。Ｄ列には労働能力喪失率を入力します。Ｅ列には喪
失金額として、Ｃ列の値にＤ列の値をかけた金額を入力します。Ｅ列には現
在価値を入力します。

　具体的には、Ａ７セルに「０」、Ｂ７セルに「29」、Ｃ７セルに「０」と入力
します。Ａ８セルに「A7+1」、Ｂ８セルに「B7+1」、Ｃ８セルに「=$B$2」と
入力し、これらのセルをコピーして38年間分（67歳になるまで）貼り付けま
す。Ｄ７セル「=$B$4」と入力し、これをコピーして10年間分（39歳の年）
まで貼り付けます。D18セルに「=$B$5」と入力し、これをコピーして28年
間分（67歳の年）まで貼り付けます。Ｅ７セルに「=C7*D7」、Ｆ７セルに
「=E7/(1+$B$3)^A7」と入力し、これらをコピーして67歳のセルまで貼り付
けます。Ｆ３セルの計算結果は現在価値の合計金額です。

（表9.19）

	A	B	C	D	E	F	G
1							
2	基礎収入	5,478,100			計算結果		
3	金利	5.00%				18,435,617	
4	労働能力喪失率	27.00%	←当初10年間				
5		14.00%	←その後28年間				
6	期間	年齢	基礎収入	喪失率	喪失金額	現在価値	
7	0	29	0	27.00%	0	0.00	
8	1	30	5,478,100	27.00%	1,479,087	1,408,654.29	
9	2	31	5,478,100	27.00%	1,479,087	1,341,575.51	
10	3	32	5,478,100	27.00%	1,479,087	1,277,690.96	
11	4	33	5,478,100	27.00%	1,479,087	1,216,848.54	
12	5	34	5,478,100	27.00%	1,479,087	1,158,903.37	
13	6	35	5,478,100	27.00%	1,479,087	1,103,717.49	
14	7	36	5,478,100	27.00%	1,479,087	1,051,159.52	
15	8	37	5,478,100	27.00%	1,479,087	1,001,104.30	
16	9	38	5,478,100	27.00%	1,479,087	953,432.67	
17	10	39	5,478,100	27.00%	1,479,087	908,031.11	
18	11	40	5,478,100	14.00%	766,934	448,410.43	
19	12	41	5,478,100	14.00%	766,934	427,057.55	
20	13	42	5,478,100	14.00%	766,934	406,721.47	
21	14	43	5,478,100	14.00%	766,934	387,353.79	
22	15	44	5,478,100	14.00%	766,934	368,908.37	
23	16	45	5,478,100	14.00%	766,934	351,341.30	

9.3 解答例と解説 *203*

途中は省略しますが、67歳までの表は以下の通りです。

(表9.20)

	A	B	C	D	E	F	G
34	27	56	5,478,100	14.00%	766,934	205,421.98	
35	28	57	5,478,100	14.00%	766,934	195,639.98	
36	29	58	5,478,100	14.00%	766,934	186,323.79	
37	30	59	5,478,100	14.00%	766,934	177,451.23	
38	31	60	5,478,100	14.00%	766,934	169,001.17	
39	32	61	5,478,100	14.00%	766,934	160,953.50	
40	33	62	5,478,100	14.00%	766,934	153,289.05	
41	34	63	5,478,100	14.00%	766,934	145,989.57	
42	35	64	5,478,100	14.00%	766,934	139,037.68	
43	36	65	5,478,100	14.00%	766,934	132,416.84	
44	37	66	5,478,100	14.00%	766,934	126,111.28	
45	38	67	5,478,100	14.00%	766,934	120,105.98	
46			208,167,800		36,265,022	18,435,617	
47							

金利を3％にすると、以下の金額になります。

(表9.21)

	A	B	C	D	E	F	G
1							
2	基礎収入	5,478,100				計算結果	
3	金利	3.00%				23,325,043	
4	労働能力喪失率	27.00%	←当初10年間				
5		14.00%	←その後28年間				
6	期間	年齢	基礎収入	喪失率	喪失金額	現在価値	
7	0	29	0	27.00%	0	0.00	
8	1	30	5,478,100	27.00%	1,479,087	1,436,006.80	
9	2	31	5,478,100	27.00%	1,479,087	1,394,181.36	
10	3	32	5,478,100	27.00%	1,479,087	1,353,574.13	
11	4	33	5,478,100	27.00%	1,479,087	1,314,149.64	
12	5	34	5,478,100	27.00%	1,479,087	1,275,873.44	
13	6	35	5,478,100	27.00%	1,479,087	1,238,712.08	
14	7	36	5,478,100	27.00%	1,479,087	1,202,633.08	

労働能力喪失率を変えたければ、B4セルやB5セルの値を変えればすぐに作成できます。例えば、金利を5％に戻し、労働能力喪失率について、当初10

204　第9章　練習問題～赤い本掲載裁判例を題材に～

年間を40%、その後28年間を20%にすると、以下のようになります。

(表9.22)

	A	B	C	D	E	F	G
1							
2	基礎収入	5,478,100				計算結果	
3	金利	5.00%				26,940,888	
4	労働能力喪失率	40.00%	←当初10年間				
5		20.00%	←その後28年間				
6	期間	年齢	基礎収入	喪失率	喪失金額	現在価値	
7	0	29	0	40.00%	0	0.00	
8	1	30	5,478,100	40.00%	2,191,240	2,086,895.24	
9	2	31	5,478,100	40.00%	2,191,240	1,987,519.27	
10	3	32	5,478,100	40.00%	2,191,240	1,892,875.50	
11	4	33	5,478,100	40.00%	2,191,240	1,802,738.57	
12	5	34	5,478,100	40.00%	2,191,240	1,716,893.88	
13	6	35	5,478,100	40.00%	2,191,240	1,635,137.03	
14	7	36	5,478,100	40.00%	2,191,240	1,557,273.36	
15	8	37	5,478,100	40.00%	2,191,240	1,483,117.48	
16	9	38	5,478,100	40.00%	2,191,240	1,412,492.84	
17	10	39	5,478,100	40.00%	2,191,240	1,345,231.28	
18	11	40	5,478,100	20.00%	1,095,620	640,586.32	
19	12	41	5,478,100	20.00%	1,095,620	610,082.21	
20	13	42	5,478,100	20.00%	1,095,620	581,030.68	
21	14	43	5,478,100	20.00%	1,095,620	553,362.55	
22	15	44	5,478,100	20.00%	1,095,620	527,011.95	

【裁判例9】

　「会社員（男・固定時27歳）の脊柱変形（11級7号）、右手関節可動域制限及び右手首痛（12級6号、併合10級）につき、年齢、経歴（専門学校卒）、実収入額を総合考慮すると、将来にわたり賃セ男性高卒全年齢平均458万8,900円を得る蓋然性があるとして、同収入を基礎としたうえで、脊柱変形による疼痛は次第に緩解するものとして、固定日から10年間は27%、その後10年間は22%、さらにその後20年間は17%の労働能力喪失を認めた（東京地判平27.2.24　自保ジ1947・92)」

　表の作り方は次の通りです。この裁判例では、労働能力喪失率が途中で2回

変わりますので、それを反映させた表を作成します。Ｂ２セルに基礎収入額「4,588,900」、Ｂ３セルに金利「５％」、Ｂ５セルに当初10年間の労働能力喪失率「27%」、Ｃ５セルにその後10年間の労働能力喪失率「22%」、Ｄ５セルにさらにその後20年間の労働能力喪失率「17%」を入力します。これらのセルを適宜参照させます。Ａ列からＦ列に入力する内容は裁判例８と同じです。

　具体的な入力内容は、Ａ７セルに「０」、Ｂ７セルに「27」、Ｃ７セルに「０」と入力します。Ａ８セルに「A7+1」、Ｂ８セルに「B7+1」、Ｃ８セルに「=B２」と入力し、これらのセルをコピーして40年間分（67歳になるまで）貼り付けます。Ｄ７セル「=B５」と入力し、これをコピーして10年間分（37歳の年）まで貼り付けます。D18セルに「=C５」と入力し、これをコピーして10年間分（47歳の年）まで貼り付けます。D28セルに「=D５」と入力し、これをコピーして20年間分（67歳の年）まで貼り付けます。Ｅ７セルに「=C7*D7」、Ｆ７セルに「=E7/(1+$B$3)^A7」と入力し、これらをコピーして67歳のセルまで貼り付けます。Ｆ３セルの計算結果は現在価値の合計金額です。

206 第9章 練習問題～赤い本掲載裁判例を題材に～

(表9.23)

	A	B	C	D	E	F	G
1							
2	基礎収入	4,588,900				計算結果	
3	金利	5.00%				17,789,968	
4	労働能力喪失率	当初10年間	その後10年間	さらに20年間			
5		27.00%	22.00%	17%			
6	期間	年齢	基礎収入	喪失率	喪失金額	現在価値	
7	0	27	0	27.00%	0	0.00	
8	1	28	4,588,900	27.00%	1,239,003	1,180,002.86	
9	2	29	4,588,900	27.00%	1,239,003	1,123,812.24	
10	3	30	4,588,900	27.00%	1,239,003	1,070,297.38	
11	4	31	4,588,900	27.00%	1,239,003	1,019,330.83	
12	5	32	4,588,900	27.00%	1,239,003	970,791.27	
13	6	33	4,588,900	27.00%	1,239,003	924,563.12	
14	7	34	4,588,900	27.00%	1,239,003	880,536.30	
15	8	35	4,588,900	27.00%	1,239,003	838,606.00	
16	9	36	4,588,900	27.00%	1,239,003	798,672.38	
17	10	37	4,588,900	27.00%	1,239,003	760,640.36	
18	11	38	4,588,900	22.00%	1,009,558	590,267.65	
19	12	39	4,588,900	22.00%	1,009,558	562,159.67	
20	13	40	4,588,900	22.00%	1,009,558	535,390.16	
21	14	41	4,588,900	22.00%	1,009,558	509,895.39	
22	15	42	4,588,900	22.00%	1,009,558	485,614.66	
23	16	43	4,588,900	22.00%	1,009,558	462,490.15	
24	17	44	4,588,900	22.00%	1,009,558	440,466.81	
25	18	45	4,588,900	22.00%	1,009,558	419,492.20	
26	19	46	4,588,900	22.00%	1,009,558	399,516.38	
27	20	47	4,588,900	22.00%	1,009,558	380,491.79	
28	21	48	4,588,900	17.00%	780,113	280,015.60	

　途中は省略しますが、67歳までの表は以下の通りです。

9.3 解答例と解説 *207*

(表9.24)

	A	B	C	D	E	F	G
37	30	57	4,588,900	17.00%	780,113	180,500.56	
38	31	58	4,588,900	17.00%	780,113	171,905.29	
39	32	59	4,588,900	17.00%	780,113	163,719.32	
40	33	60	4,588,900	17.00%	780,113	155,923.17	
41	34	61	4,588,900	17.00%	780,113	148,498.25	
42	35	62	4,588,900	17.00%	780,113	141,426.91	
43	36	63	4,588,900	17.00%	780,113	134,692.29	
44	37	64	4,588,900	17.00%	780,113	128,278.37	
45	38	65	4,588,900	17.00%	780,113	122,169.88	
46	39	66	4,588,900	17.00%	780,113	116,352.27	
47	40	67	4,588,900	17.00%	780,113	110,811.68	
48			174,378,200		36,527,644	17,789,968	
49							

金利を3%にすると、以下の金額になります。

(表9.25)

	A	B	C	D	E	F	G
1							
2	基礎収入	4,588,900				計算結果	
3	金利	3.00%				22,917,436	
4	労働能力喪失率	当初10年間	その後10年間	さらに20年間			
5		27.00%	22.00%	17%			
6	期間	年齢	基礎収入	喪失率	喪失金額	現在価値	
7	0	27	0	27.00%	0	0.00	
8	1	28	4,588,900	27.00%	1,239,003	1,202,915.53	
9	2	29	4,588,900	27.00%	1,239,003	1,167,879.16	
10	3	30	4,588,900	27.00%	1,239,003	1,133,863.26	
11	4	31	4,588,900	27.00%	1,239,003	1,100,838.12	
12	5	32	4,588,900	27.00%	1,239,003	1,068,774.87	

【裁判例10】

　「無職者（男・固定時32歳）の脾臓摘出（13級11号）、右膝痛等（12級13号）等（併合11級）につき、症状固定までに就労の蓋然性があったとし、事故の1年2か月前の前職の給与の90％である419万円余を基礎に、脾臓喪失については具体的労働能力喪失がないとは到底解せないが、他の後遺障害が

208 第9章 練習問題～赤い本掲載裁判例を題材に～

神経症状であり、一定期間で馴化する面もあるとして、当初15年間は20％、その後の20年間は9％の労働能力喪失を認めた（大阪地判平25.8.29　交民46・4・1146)」

　表の作り方は次の通りです。裁判例8と同様、労働能力喪失率が途中で1回変わりますが、変更するまでの期間が異なりますので、それを反映させた表を作成します。B2セルに基礎収入額「4,190,000」、B3セルに金利「5％」、B4セルに当初15年間の労働能力喪失率「20％」、B5セルにその後20年間の労働能力喪失率「9％」を入力します。これらのセルを適宜参照させます。A列からF列に入力する内容は裁判例8と同じです。

　具体的には、A7セルに「0」、B7セルに「32」、C7セルに「0」と入力します。A8セルに「A7+1」、B8セルに「B7+1」、C8セルに「=$B$2」と入力し、これらのセルをコピーして35年間分（67歳になるまで）貼り付けます。D7セル「=$B$4」と入力し、これをコピーして15年間分（47歳の年）まで貼り付けます。D23セルに「=$B$5」と入力し、これをコピーして20年間分（67歳の年）まで貼り付けます。E7セルに「=C7*D7」、F7セルに「=E7/(1+$B$3)^A7」と入力し、これらをコピーして67歳のセルまで貼り付けます。F3セルの計算結果は現在価値の合計金額です。

9.3 解答例と解説　*209*

（表9.26）

	A	B	C	D	E	F	G
1							
2	基礎収入	4,190,000			計算結果		
3	金利	5.00%				10,958,693	
4	労働能力喪失率	20.00%	←当初15年間				
5		9.00%	←その後20年間				
6	期間	年齢	基礎収入	喪失率	喪失金額	現在価値	
7	0	32	0	20.00%	0	0.00	
8	1	33	4,190,000	20.00%	838,000	798,095.24	
9	2	34	4,190,000	20.00%	838,000	760,090.70	
10	3	35	4,190,000	20.00%	838,000	723,895.91	
11	4	36	4,190,000	20.00%	838,000	689,424.67	
12	5	37	4,190,000	20.00%	838,000	656,594.93	
13	6	38	4,190,000	20.00%	838,000	625,328.50	
14	7	39	4,190,000	20.00%	838,000	595,550.95	
15	8	40	4,190,000	20.00%	838,000	567,191.39	
16	9	41	4,190,000	20.00%	838,000	540,182.27	
17	10	42	4,190,000	20.00%	838,000	514,459.31	
18	11	43	4,190,000	20.00%	838,000	489,961.24	
19	12	44	4,190,000	20.00%	838,000	466,629.76	
20	13	45	4,190,000	20.00%	838,000	444,409.29	
21	14	46	4,190,000	20.00%	838,000	423,246.94	
22	15	47	4,190,000	20.00%	838,000	403,092.33	
23	16	48	4,190,000	9.00%	377,100	172,753.85	
24	17	49	4,190,000	9.00%	377,100	164,527.48	
25	18	50	4,190,000	9.00%	377,100	156,692.84	

途中は省略しますが、67歳までの表は以下の通りです。

（表9.27）

	A	B	C	D	E	F	G
35	28	60	4,190,000	9.00%	377,100	96,195.81	
36	29	61	4,190,000	9.00%	377,100	91,615.06	
37	30	62	4,190,000	9.00%	377,100	87,252.44	
38	31	63	4,190,000	9.00%	377,100	83,097.56	
39	32	64	4,190,000	9.00%	377,100	79,140.53	
40	33	65	4,190,000	9.00%	377,100	75,371.93	
41	34	66	4,190,000	9.00%	377,100	71,782.79	
42	35	67	4,190,000	9.00%	377,100	68,364.57	
43			146,650,000		20,112,000	10,958,693	
44							

210　第９章　練習問題〜赤い本掲載裁判例を題材に〜

金利を３％にすると、以下の金額になります。

(表9.28)

	A	B	C	D	E	F	G
1							
2	基礎収入	4,190,000				計算結果	
3	金利	3.00%				13,605,025	
4	労働能力喪失率	20.00%	←当初15年間				
5		9.00%	←その後20年間				
6	期間	年齢	基礎収入	喪失率	喪失金額	現在価値	
7	0	32	0	20.00%	0	0.00	
8	1	33	4,190,000	20.00%	838,000	813,592.23	
9	2	34	4,190,000	20.00%	838,000	789,895.37	
10	3	35	4,190,000	20.00%	838,000	766,888.71	
11	4	36	4,190,000	20.00%	838,000	744,552.15	

おわりに

　本書の目的である、中間利息控除の計算を効率的に行うスキルは身に付きましたでしょうか。法律の世界で扱う逸失利益算定の際に行う中間利息控除の計算は、ファイナンス理論で真っ先に勉強する「貨幣の時間的価値」と呼ばれるものと同じです。法律の世界と、ファイナンスの世界を繋ぐ扉のようなものです。ファイナンス理論では、この他にもリスクをどのように計算するのか、割引率（金利）をどのように導くのかといったことも問題にはなります。ですが、中間利息控除の計算を行う際は、法定利率を用いれば今のところ特段問題はないと思いますので、あまり気にする必要はないでしょう。

　とはいえ、ファイナンス理論をより深く勉強すると、そのアイデアだけでも実務に役立つ内容がたくさんあります。例えば、オプション理論を学ぶと、契約を解除することの価値、いきなり訴訟をするのではなく交渉をすることの価値（待つことの価値や段階をふむことの価値）などをより明確に意識できるようになります。

　そこで、もっと深くファイナンスを勉強したいという方のために、いくつか書籍のご紹介をしておきます。まず、ファイナンスを基礎からしっかり勉強したいという方は、『コーポレートファイナンスの原理』（大野薫訳、きんざい）をお薦めします。私が通った中央大学大学院国際会計研究科（CGSA）の「ファイナンス基礎」の授業で教科書として指定されていた書籍です。この一冊をしっかり勉強すれば（問題もしっかり解く！）、他の本は不要でしょう。

　また、ファイナンスの分野に計算は付きものですが、エクセルを使った効率的な計算方法を学びたい方には、『ファイナンシャル・モデリング』（大野薫監訳、ロギカ書房）をお薦めします。エクセルの財務関数の使い方が分かりやすく示されていますので、本書と併せて勉強すると、より効率的な計算ができるようになるはずです。

おわりに

　最後に、本書が、皆様の業務の効率化に役立つだけでなく、皆様の依頼者や相談者の利益に繋がることを、心よりお祈りしています。

酒井 雅弘（さかい まさひろ）

西東京共同法律事務所　パートナー弁護士
中央大学法学部政治学科卒業、中央大学専門職大学院国際会計研究
科修了（ファイナンス修士（専門職））、東京大学大学院法学政治学
研究科総合法政専攻博士課程中途退学
平成13年4月　最高裁判所司法研修所入所
平成14年10月　弁護士登録（第二東京弁護士会）、西東京共同法律事
　　　　　　　務所入所
（主な著書）
『チャレンジする東大法科大学院生―社会科学としての家族法・知的
財産法の探究』（共著、商事法務）
『ファイナンシャル・モデリング（第4版）［Uses EXCEL］』（共
訳、ロギカ書房）

Excel を使った　死亡・後遺症逸失利益算定のための
「中間利息控除」計算の技法

発 行 日　2019 年 5 月 15 日
著　　者　酒井 雅弘
発 行 者　橋詰 守
発 行 所　株式会社 ロギカ書房
　　　　　〒 101-0052
　　　　　東京都千代田区神田小川町 2 丁目 8 番地
　　　　　進盛ビル 303 号
　　　　　Tel 03（5244）5143
　　　　　Fax 03（5244）5144
　　　　　http://logicashobo.co.jp/
印刷・製本　藤原印刷株式会社
定価はカバーに表示してあります。
乱丁・落丁のものはお取り替え致します。
©2019　Masahiro Sakai
Printed in Japan
978-4-909090-23-2　C2033